수학전대 매스레인저 2
분수 괴물과 소수 괴물

초판 인쇄	2009년 8월 14일
초판 발행	2009년 8월 24일
지은이	최승현 하경미 전진석 방지연
발행인	정은영
책임편집	김윤정
디자인	디자인꾼
일러스트	진아라 유은영
펴낸곳	마리북스
출판등록	2007년 4월 4일 제 300-2007-58호
주　소	서울시 종로구 내수동 75 용비어천가 914호
전　화	02) 2195-5374 · 5375
팩　스	02) 2195-5376
홈페이지	www.maribooks.com
출　력	스크린출력센터
찍은곳	서정문화인쇄사
ISBN	978-89-94011-10-3 74410
	978-89-959965-8-4 (세트)

※ 이 책은 마리북스가 저작권자와의 계약에 따라 발행한 것이므로 본사의 허락 없이는 어떠한 형태나 수단으로도 이용하지 못합니다.
※ 잘못된 책은 바꿔 드립니다.
※ 가격은 뒤표지에 있습니다.

수학전대 매스레인저 ②

분수 괴물과 소수 괴물

최승현(한국교육과정평가원) 지음
전진석 구성 | **진아라·유은영** 그림

마리북스

 작가의 말

주제별·수준별 맞춤식 수학 공부

'수학은 연계학습이다.'

이게 무슨 말이냐고요? 여러분이 초등학교 때 사칙연산을 배웠다고 해 봐요. 그러면 중학교 때는 이 사칙연산이 좀 더 어려워질 뿐이고, 고등학교 때는 중학교 때보다 더 복잡해질 뿐이라는 것이죠. 이 비밀만 안다면 수학을 아주 쉽고 재미있게 공부할 수 있답니다.

그래서 수학은 주제별로 흐름을 짚어 가며 공부하는 것이 중요해요. 2009학년도부터 시작된 제7차 개정 교육 과정에서 수학의 주제별 학습을 강조하는 것도 바로 이런 이유 때문이지요.

이 책은 제7차 개정 교육 과정에 따라 수와 연산, 도형, 측정, 규칙성과 문제해결, 확률과 통계 다섯 가지 영역으로 구성되었어요. 매스레인저 친구들이 여러분 각자의 수학 실력과 흥미에 맞춰 수학을 정복하는 방법을 알려 줄 거예요.

만약 새로운 내용을 공부할 때 어렵다고 느껴지면 그 부분을 반복해서 보면서 바로바로 해결해야 합니다. 그렇지 않으면 어려움이 차곡차곡 쌓여, 어느새 수학을 어려운 과목으로 생각하게 될 테니까요.

자, 그럼 매스레인저 친구들이 펼치는 신나고 재미있는 수학의 세계로 함께 떠나 봐요!

한국교육과정평가원 최승현

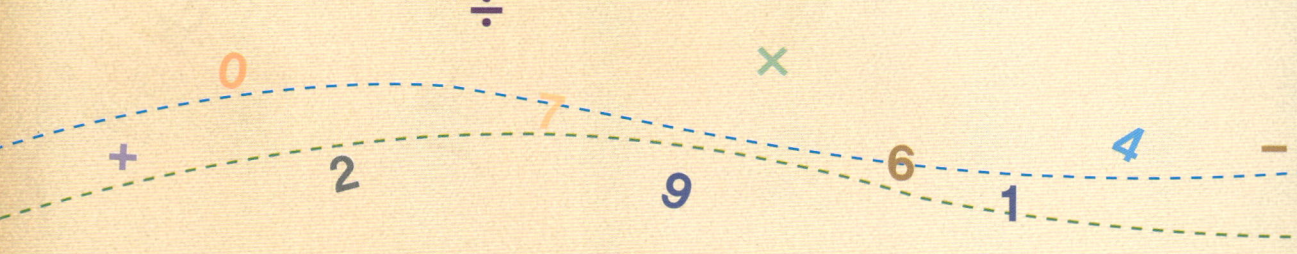

매스레인저가 안내하는 쉽고 재미있는 수학 세상

여러분, 혹시 그것 아세요? 공부를 잘하는 친구들은 마치 게임을 하듯이 공부를 한다는 사실을요. 그래서 부모님이 억지로 시키지 않아도 스스로 공부를 하게 되지요. 공부의 즐거움을 잘 알고 있으니까요. 게임을 하는 친구들이 게임 속에서 어려운 장애물을 제거하며 성취감을 느끼는 것처럼, 스스로 공부하는 친구들은 어려운 문제를 하나하나 풀어 가며 성취감을 느낀답니다.

《수학전대 매스레인저》는 게임과도 같은 흥미진진한 이야기를 통해 수학 공부를 할 수 있는 대표적인 이야기 학습 도서예요. 매스레인저는 mathematics의 'math'와 '레인저'의 합성어랍니다. 덧셈의 힘을 가지고 있는 매스레드, 뺄셈의 힘을 가지고 있는 매스블루, 곱셈의 힘을 가지고 있는 매스바이올렛, 나눗셈의 힘을 가지고 있는 매스옐로, 등호의 힘을 가지고 있는 매스핑크는 수학의 힘으로 세상을 지배하려는 악신들에 맞서지요.

과연 매스레인저는 악신들로부터 세상을 구할 수 있을까요? 지금부터 여러분도 함께 수학 문제를 풀면서 매스레인저를 응원해 주세요.

시나리오 작가 전진석

수와 연산 완전정복

6화 윤이의 비밀 ... 13
완전정복 6단계 약수와 배수 Ⅱ (3~5학년)

7화 분수 괴물의 습격 ... 43
완전정복 7단계 분수 (2~6학년)

8화
소수의 미로 ...75
완전정복 8단계 소수 (3~6학년)

9화
매스바이올렛의 탄생 ...111
완전정복 9단계 종합 편 I 생활 속의 소수 (1~6학년)

10화
아처의 등장 ...139
완전정복 10단계 종합 편 II 수와 연산의 오류 (1~6학년)

'수와 연산'에 대한 나의 사랑 지수

수와 연산 완전정복

1권

준비 단계
수와 연산을 얼마나
활용하고 있을까?
• 수와 연산
  친밀도 테스트

1단계 (1~4학년)
수에 관한 기초 상식
• 숫자 전개식
• 수 읽기

2단계 (1~4학년)
수 감각 기르기와
수의 성질
• 수 감각 기르기
• 짝수와 홀수의 성질

5단계 (3~5학년)
약수와 배수 Ⅰ
• 약수와 배수
• 공배수와 최소공배수

4단계 (2~5학년)
곱셈과 나눗셈
• 곱셈하기
• 나눗셈하기

3단계 (1~4학년)
덧셈과 뺄셈
• 덧셈하기
• 뺄셈하기

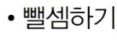

2권

6단계 (3~5학년)
약수와 배수 Ⅱ
- 공약수와 최대공약수
- 소수와 합성수

7단계 (2~6학년)
분수
- 분수의 종류
- 분수의 크기
- 분수의 사칙연산

8단계 (3~6학년)
소수
- 소수의 자릿값
- 소수 사이의 관계
- 소수의 사칙연산

확인 단계
수와 연산 실력이 얼마나 늘었을까?
- 수와 연산에 대한 나의 사랑 지수

10단계 (1~6학년)
종합 편 Ⅱ
- 수와 연산의 오류

9단계 (1~6학년)
종합 편 Ⅰ
- 생활 속의 수
- 생활 속의 소수

신현도 매스블루 (3학년, 10살)
대한초등학교 전교 일등의 수재. 자존심이 강하고 공부를 못하는 아이들을 한심하게 생각해 대성이와 늘 티격태격한다. 하지만 매스레인저 친구들에게 누구보다 깊은 애정을 갖고 있다.

조윤이 매스바이올렛 (3학년, 10살)
수학 초능력자. 신들의 우두머리 시바의 맞수 비슈누(창조의 신)의 화신인 천재 수학 소녀이다. 평범한 인간으로 살고 싶어 하지만 대성이의 용기에 감동 받아 매스레인저가 된다.

알리미
비슈누 신이 타고 다녔다는 신비로운 강아지. 강 박사의 조수 역할을 하면서 매스레인저의 통신을 담당한다.

박수영 매스옐로 (2학년, 9살)
매스레인저 중 막내. 예의가 발라서 다른 선배들을 깍듯이 대하는데, 특히 대성이를 잘 따르고 좋아한다. 내성적이고 숫기도 없지만, 한 번 발동이 걸리면 아무도 못 말린다.

이미라 매스핑크 (4학년, 11살)
매스레인저 중 맏이. 매스레인저를 만든 강 박사에게 가장 먼저 발탁되어 훈련을 받았다. 자신이 맏이라는 것을 내세우기 보다 뒤에서 조용히 다른 대원들을 도와주고 격려해 준다.

최대성 매스레드 (3학년, 10살)
매스레인저의 리더. 공부에는 별 관심이 없으나 독보적인 게임 실력을 갖추고 있다. 곱셈과 나눗셈도 모를 만큼 수학 실력이 형편없지만, 결정적인 순간에 놀라운 집중력으로 수학 실력을 발휘해 팀을 위기에서 구한다. 매스레인저의 최종 병기인 아라크를 조정한다.

칼리
파괴의 신인 시바의 부인. 상냥한 말투에
눈부신 미모를 지녔으며 카리스마 또한 넘친다.

하누만
원숭이 머리를 한 시바의
부하로, 우직한 가네샤와
달리 영리하면서도 음흉해서
칼리의 신임을 얻는다.

가네샤
코끼리 머리를 지닌 시바의
부하로 항상 하누만을
견제한다.

아라크
매스레인저의 최종 병기. 강 박사가
만든 인간형 로봇으로, 매스레인저의
무기와도 호환이 된다.

강 박사 (40대 초반)
매스레인저를 만든 사람이자 지시를 내리는 인물.
파괴의 신들이 이 세상을 지배하기 위해 이용하려는
수학의 힘을 일찍이 깨닫고, 봉인된 인드라의 유적으로
매스레인저와 그들의 무기, 아라크를 개발했다.

데르몬
가네샤의 부하. 악신으로부터
신력을 받아 각종 수학 괴물을 이끌며
매스레인저와 싸움을 벌인다.

분소스 괴물
분수와 소수의 성질을 동시에
지닌 거대 마수. 몸 전체가 단단한
철갑으로 둘러싸여 있으며,
한 손에는 방패를 들고
다른 한 손에는 도끼를 들고 있다.

아처
하누만의 기사. 원래 인간이었으나
자신의 뜻을 이루기 위해
시바 신에게 충성을 맹세하고
악신의 부하가 되었다.

진분수 괴물

가분수 괴물

대분수 괴물

완전정복 6단계 약수와 배수 II (3~5학년)

6화

윤이의 비밀

 그야말로 난장판이었다. 혀를 길게 내민 괴물 세 마리가 자동차를 들어올리는가 하면, 거대한 괴물이 빌딩 벽을 기어오르기도 했다.
 매스레드로 변신한 대성이 눈에 유모차를 감싸고 있는 한 아주머니가 들어왔다. 유모차에 타고 있는 아기는 겁에 질려 자지러지게 울고 있다. 대성이는 매스이글을 힘껏 던졌다. 매스이글이 바람을 가르며 휘익 멋지게 날아갔다.
 매스레인저를 발견한 괴물들이 괴성을 지르며 달려들었다. 대성이가 다른 대원들을 막아 서며 외쳤다.
 "내가 맡을게. 너희는 뒤에서 응원이나 해!"
 대성이는 갓 들어온 매스옐로 수영이에게 리더다운 모습을 보여 주고 싶었다.
 '어떤 문제라도 풀어 주마!'

그런데 이번에 대결하는 괴물의 이마에는 지금껏 보지 못한 수학 문제가 새겨져 있었다.

'8, 6, 7? 도대체 뭘 어떻게 해야 하는 거야?'

대성이가 당황해서 우물쭈물하는 사이 괴물이 다가와 집채만한 주먹을 휘둘렀다.

"정신 차려, 멍청아!"

현도가 대성이의 팔을 세차게 잡아당겼다. 현도가 아니었다면 대성이는 아마 묵사발이 되고도 남았을 것이다. 대성이는 질질 끌려가면서도 다급하게 소리쳤다.

"큰일 났어! 사칙연산이 아냐!"

한편 알리미와 강 박사는 비밀 기지에서 모니터로 매스레인저의 활약을 지켜보고 있었다.

"박사님, 처음 보는 괴물이에요. 어떻게 처리하죠?"

괴물의 모습을 유심히 살펴보던 강 박사는 즉시 노트북을 켜고 자료를 검색했다.

"음, 최소공배수 괴물들이군. 자료에 따르면 보통은 2개 또는 3개의 숫자가 새겨져 있지만, 강한 놈은 숫자가 5개까지 새겨져 있다고 하네. 작년에 유럽에 한 번 등장한 적이 있는데 여기까지 모습을 드러낼 줄이야……. 알리미, 매스레인저에게 당황하지 말고 최소공배수를 구해서 매스빔을 쏘라고 전해."

"네, 박사님!"

알리미가 당황한 기색이 역력한 매스레인저에게 강 박사의 말을 얼른 전했다.

"매스레인저! 저놈들은 최소공배수 괴물이에요. 침착하게 최소공배수를 구하세요."

최소공배수 괴물에 대한 자료를 검토하고 있던 강 박사는 깊은 생각에 빠졌다.

'최소공배수 괴물이 있다면, 어딘가에 분명 최대공약수 괴물도 있을

거야. 대체 놈들은 어디까지 진화한 걸까?'

괴물의 정체가 최소공배수라는 말에 대성이는 자신감을 되찾았다.

"하하하! 이제 보니 별것도 아니었군. 이 매스레드 님께서 너희를 친히……."

그때 괴물 한 마리가 대성이를 향해 발길질을 했다. 쇳덩어리처럼 묵직한 발길질이었다. 잽싸게 몸을 뒤로 빼긴 했지만, 중심을 잃고 나동그라지면서 꽈당 엉덩방아를 찧었다. 하필이면 수영이 근처였다.

"14! 210! 35!"

수영이가 순식간에 답을 말하고 매스빔을 쐈다. 그러자 대성이를 노리던 괴물 세 마리가 펑 하는 소리와 함께 먼지가 되어 사라졌다.

"우아! 너 엄청 빠르구나!"

미라가 놀라워하며 수영이의 머리를 쓰다듬어 주었다.

"별것도 아닌걸요, 뭐."

수영이의 덤덤한 태도를 보면서 현도는 식은땀을 몰래 닦아 냈다.

'나도 아직 두 마리밖에 계산을 하지 못했는데, 어린 녀석이 보통이 아니네.'

가장 허탈한 표정을 짓고 있는 것은 대성이였다. 리더랍시고 잘난 척만 하다가 막내 앞에서 망신을 당한 꼴이었다. 막내 수영이는 첫 전투인데도 놀라운 수학 실력으로 괴물 세 마리를 한꺼번에 처리했다. 대성이는 부끄러워서 고개를 들 수 없었다.

긴장한 기색이 역력한 대성이와 현도는 마치 약속이라도 한 듯 머릿속에 똑같은 생각을 떠올렸다.

'그래, 리더는 실력과 상관없이 나이 순으로 정하는 거라고 둘러대는 거야!'

"대성아, 넌 리더다. 그런데 매스레인저 중에서 수학 실력이 가장 뒤

떨어져. 부끄럽지 않은 리더가 되려면 우선 수학 실력부터 키워야 해!"

강 박사는 나머지 대원들을 모두 돌려보낸 뒤 대성이와 함께 특별 수업을 시작했다. 강 박사는 칠판에 '최대공약수'라고 썼다.

"최소공배수를 알고 있으니 최대공약수도 금방 배울 수 있을 거다. 우선 약수의 개념부터 이해하자. 8이란 숫자가 있다. 이 8은 어떤 수로 나누어떨어질까?"

"2, 4, 8이요."

"하나가 빠졌지?"

"……."

"1이 빠졌잖니. 모든 수는 1로 나누어지잖아. 그

랬을 때 몫은 그 수 자신이고."

"맞아요!"

"어떤 수의 약수란, 그 수를 나누었을 때 나머지가 남지 않도록 만드는 수란다. 그러니 1은 모든 수의 약수가 되겠지."

그러고 보니 약수의 개념도 그다지 어렵지 않았다.

"그렇다면 최대공약수란 두 수가 공통적으로 가지는 약수 중에서 가장 큰 수겠지? 자, 그럼 8과 12의 최대공약수를 구해 보자. 먼저 8의 약수는 뭘까?"

"1, 2, 4, 8이요."

"12는?"

"1, 2, 3, 4, 6, 12요."

"서로 겹치는 수 중에서 가장 큰 수를 찾아봐."

"1, 2, 4가 8과 12의 공약수이고……. 알았어요! 8과 12의 최대공약수는 4예요."

"그래, 잘했다."

대성이는 최대공약수 공부를 마친 뒤 콧노래를 흥얼대며 집으로 향했다. 어느덧 땅거미가 깔

초코파이 한 상자의 비밀

초코파이는 한 상자에 12개 또는 24개가 들어 있어요. 여기에는 수학의 또 다른 비밀이 숨어 있답니다. 만일 초코파이가 한 상자에 5개라면 2명이나 3명일 때는 나눠 먹기가 어렵겠죠? 하지만 12개라면 2명일 때는 6개씩, 3명일 때는 4개씩 나눠 먹을 수가 있어요.
이처럼 6개, 12개, 24개는 5개 10개보다 나누어 먹을 수 있는 방법이 좀 더 다양하답니다. 이것이 바로 약수의 비밀이에요.

려 조금씩 어두워지고 있었다.

집으로 가는 골목길에 들어섰을 때였다. 그만 골목 반대편에서 걸어오던 사람과 부딪치고 말았다.

"아야! 똑바로 보고 다녀! 어라? 그런데 너는……."

대성이와 부딪친 사람은 전학생 윤이였다. 윤이는 인사 한마디도 없이 옷을 툭툭 털고는 그냥 지나갔다. 달빛을 받은 윤이의 얼굴은 한층 더 희고 예뻐 보였다. 대성이는 뭐라고 말을 건네고 싶었지만 도무지 입이 떨어지지 않았다.

평소의 대성이라면 분명 '너 지금 날 무시해? 사람 말이 안 들려?' 하며 난리를 피웠을 것이다. 하지만 이상하게 윤이 앞에만 서면 주눅이 들어 아무 말도 할 수 없었다.

대성이는 저도 모르게 발걸음을 돌려 윤이를 뒤따라갔다. 윤이가 어두운 길을 혼자 걸어가는 게 불안하게 느껴졌기 때문이다.

"저기, 윤이야……."

바로 그때였다.

"크아아아아!"

갑자기 담벼락 뒤에서 시커먼 수학 괴물 두 마리가 나타나더니 거대한 몸뚱이로 윤이 앞을 가로막았다.

"드디어 만났구나, 조윤이! 너를 시바 신께 바치겠다."

개의 모습을 한 괴물들이 또렷한 한국어로 말을 걸었다.

'윤이가 위험하다!'

대성이는 서둘러 매스폰을 꺼내들었다. 정체가 밝혀져도 어쩔 수 없었다. 우선 윤이부터 구해야 했다.

막 변신 버튼을 누르려는 순간, 눈앞에서 놀라운 일이 벌어졌다. 윤이가 한쪽 팔을 살짝 들어올렸을 뿐인데, 괴물 두 마리가 공중으로 붕

떠올랐다. 윤이는 한동안 팔을 든 채로 공중에서 버둥거리는 괴물들을 쳐다보다가 공 던지는 자세를 취했다. 그러자 괴물들이 저 멀리로 날아가 버렸다.

대성이는 입이 떡 벌어졌다. 윤이가 뒤를 돌아보며 쌀쌀맞게 말했다.

"지금 본 건 비밀로 해 줘."

다음날 오전.

대성이는 수업 시간 내내 어제 본 장면을 떠올리고 있었다. 윤이가 사용한 것은 틀림없는 초능력이었다. 보통 사람의 힘으론 그 무시무시한 괴물들을 그렇게 쉽게 물리칠 수는 없었다.

윤이가 초능력자라니, 믿기지 않았다. 더군다나 괴물들은 "조윤이!"라고 부르며 덤볐다. 그것은 괴물들이 이미 윤이를 알고 있으며, 정확히 윤이를 노렸다는 증거였다.

대성이는 어쩌면 윤이도 매스레인저나 바리문 악신과 관련이 있을지도 모른다는 생각이 들었다.

'아무래도 점심시간에 박사님을 찾아가야겠어. 윤이가 비밀을 지켜 달라고 했지만, 어제 일을 못 본 척 넘어가기에는 뭔가 꺼림칙해. 게다가 윤이가 또다시 위험에 빠질 수도 있잖아.'

골똘히 생각에 빠져 있는 대성이 곁으로 수영이가 다가왔다.

"형, 다음 시간 체육인데 체육복 안 갈아입어요?"

체육이란 말에 대성이는 벌떡 일어섰다. 체육은 대성이가 제일 좋아하는 과목이었다.

"당연히 갈아입어야지!"

그때 한 여학생이 들어와 윤이에게 다가갔다.

"윤이야, 선생님께서 부르셔."

"알았어."

윤이는 곧장 교무실로 가서 강 박사 옆에 앉았다. 강 박사는 윤이에게 율무차를 타 주었다. 그러나 윤이는 종이컵을 쥐고만 있을 뿐 마시지는 않았다.

"윤이야, 이대로는 널 안전하게 지켜 줄 수 없단다. 언제까지 피하기만 할 거니?"

"선생님, 전 이제 겨우 3학년이에요."

"평범한 3학년은 아니지."

"아뇨, 전 평범하게 살고 싶어요."

침착하다 못해 냉정하기까지 한 윤이가 놀랍게도 큰 소리로 외쳤다.

"언제까지 매스레인저를 거부할 생각이니?"

강 박사는 오랜 연구 끝에 윤이의 초능력이 바리문 신들이 쓰는 능력에 가깝다는 사실을 깨달았다. 하지만 윤이는 남들과 다른 자신이 싫었다. 다른 아이들처럼 평범하게 살고 싶었다. 그래서 미국에 있을 때도 되도록 눈에 띄지 않게 조용히 지냈다.

그런데도 자신을 노리는 악신들의 포위망은 점점 더 좁혀졌다. 그때 마침 강 박사가 윤이를 돕겠다고 나서 대한초등학교로 전학을 온 것이었다.

"생각할 시간을 좀 주세요."

종이컵을 든 윤이의 두 손이 가늘게 떨렸다.

수업이 끝난 후 대성이는 교문 앞에서 윤이를 기다렸다. 윤이는 한참

만에 모습을 드러냈다. 대성이가 반갑게 웃으며 손을 흔들었다. 그러나 윤이는 어제처럼 대성이를 모른 척하고 그냥 지나쳤다.

"윤이야, 잠깐만!"

대성이가 용기를 내어 윤이를 불러 세웠다. 윤이는 마지못해 뒤돌아보았다. 그 표정이 어찌나 차갑든지 대성이는 금세 말을 건 것을 후회했다. 그러나 마음을 다잡고 어렵사리 준비한 말을 꺼냈다.

"너 수학 잘하지? 너한테 수학 문제 좀 물어보려고……."

대성이는 수줍은 미소를 띠며 최대공약수 문제를 내밀었다. 사실 그

문제는 어제 하루종일 풀어 봐서 다 아는 것이었지만, 윤이와 이야기를 나누려면 이 방법밖에 없어 보였다. 그런데 수학 문제를 본 윤이의 표정은 더욱 싸늘해졌다.

"딴 데 가서 알아봐."

윤이가 홱 돌아섰다. 충격을 받은 대성이는 잠시 멍하니 서 있다가 급기야 큰소리를 쳤다.

"야! 이렇게 대놓고 무시하기냐?"

"지겨워."

"뭐?"

윤이도 버럭 고함을 내질렀다.

"수학! 수학! 수학! 왜 나를 수학에서 벗어나지 못하게 하는 거야. 지겨워, 지겹다고!"

윤이 눈가에 눈물이 그렁그렁 맺혔다.

'어라, 우는 거야?'

얼음장 같은 윤이가 눈물을 흘리자 대성이는 몹시 당황했다. 어느새 화가 났던 것도 까맣게 잊어버리고 말았다. 어떻게든 윤이를 달래 줘야 한다는 책임감만 느껴질 뿐이었다.

대성이는 윤이를 데리고 놀이동산으로 향했다. 한 번도 놀이동산에 가 본 적 없는 윤이는 주춤거리다가 결국 대성이 손에 이끌려 사격 게임기 앞에 섰다.

"지는 사람이 상대편에게 동전 넣어 주는 거다."

게임이 시작됐다. 작전을 짜는 것뿐만 아니라 운동 신경도 탁월한 대성이의 사격 게임 실력은 굉장했다. 윤이가 열심히 쫓아왔지만 대성이 점수의 절반도 못 따 냈다.

"다시 해."

그날 대성이는 새로운 사실을 하나 더 알게 됐다. 윤이는 대성이만큼이나 승부욕이 강했다. 천 원을 다 쓸 때까지 동전을 넣고 또 넣으며 도전을 멈추지 않았다. 반면 대성이는 처음 넣은 백 원으로 윤이가 천

원을 다 써 가며 얻은 점수의 두 배를 땄다.

　마침내 윤이는 뿌루퉁한 얼굴로 놀이동산을 나섰다. 대성이도 급히 총을 내려놓고 윤이를 쫓아 나왔다.

"야, 화났어?"

"목소리만 큰 바보인 줄 알았는데 너도 잘하는 게 있구나."

"칭찬이야, 욕이야?"

"……."

"근데 너 배 안 고파?"

대성이는 두 손으로 배를 움켜잡은 채 윤이를 분식집에 데려갔다.

"어떤 게 맛있어?"

"너, 분식집 처음 와 봤어?"

윤이가 고개를 끄덕였다.

"놀이동산도 처음, 분식집도 처음, 너 혹시 외계에서 왔니?"

　떡볶이와 순대가 나왔다. 윤이는 며칠 굶은 사람처럼 마구 먹어 대기 시작했다. 의외의 모습이었다. 외모와 분위기로 봐서는 동화 속 요정처럼 이슬만 먹을 것 같았는데, 입가에 고추장까지 묻혀 가며 떡볶이를 맛있게 먹었다. 대성이는 그 모습이 참 보기 좋았다.

윤이는 음식을 다 먹고 나서 뜻밖의 제안을 했다. 얼굴에는 생글생글 미소를 띠면서.

"으음, 맛있다! 보답으로 아까 물어봤던 수학 문제 알려 줄게."

윤이는 휴지로 입을 닦으면서 대성이의 공책에 적힌 수학 문제를 풀어 내려갔다.

"아까 18과 27의 최대공약수 구한다고 했지? 어떻게 할 셈이었어?"

"먼저 18의 약수와 27의 약수를 죽 적는다. 그리고 나서 겹치는 숫자를 찾는다. 그중 가장 큰 게 답이다. 맞지?"

대성이가 의기양양하게 대답했다.

'이제 내가 게임만 잘하는 게 아니란 걸 알았겠지?'

그런데 윤이가 연필로 대성이의 이마를 가볍게 때렸다.

"그렇게 해서 언제 다 푸니? 공식이 있어. 잘 봐."

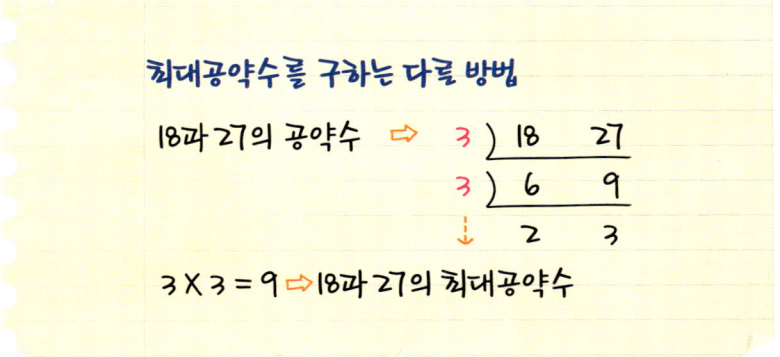

"어때? 훨씬 빠르지?"

"우아, 진짜네!"

대성이는 너무 흥분해서 하마터면 '수학 괴물이랑 싸울 때 이렇게 하면 금방 해치우겠다.'라고 말할 뻔했다. 윤이의 뛰어난 실력을 보니 문득 며칠 전 보았던 초능력에 대해 묻고 싶은 생각이 들었다. 하지만 이제 겨우 기분이 좋아진 윤이가 다시 우울해할까 봐 꾹 참았다. 대신 대성이는 새로운 놀이를 제안했다.

"그네 타러 갈래?"

"그네? 그래 좋아."

대성이와 윤이는 근처 아파트 단지에 있는 놀이터로 갔다. 대성이가 윤이의 그네를 밀어 주었다. 조금씩 힘을 세게 주자 그네는 점점 더 높이 솟구쳐 올라갔다.

"으아……. 하하하하하!"

윤이가 가볍게 비명을 내지르면서 까르르 웃음을 터뜨렸다. 대성이는 그런 윤이가 너무 귀여웠다.

잠시 뒤 둘은 놀이터

한쪽에 있는 의자에 나란히 옮겨 앉았다. 대성이는 또다시 바리문 악신의 졸개들과 윤이의 관계에 대해 묻고 싶었지만 꾹 참았다. 윤이의 기분을 망치고 싶지 않았다.

그때 할머니 한 분이 두 사람 쪽으로 걸어왔다. 허리가 굽은 할머니는 대성이와 윤이를 발견하고는 몹시 반가워했다.

"얘들아, 장미아파트가 어디니?"

"이쪽으로 쭉 가서서 첫 번째 횡단보도를 건너면 바로 보여요."

대성이가 친절하게 알려 드렸다. 할머니는 고맙다면서 두 사람에게 사탕을 한 개씩 주고 가셨다. 대성이는 사탕 껍질을 벗기려다 말고 윤이에게 건넸다.

"자, 이것도 먹어."

윤이는 입을 오물거리며 사탕을 먹었다. 토끼처럼 귀여운 모습이었다.

"이제 가야겠다. 오늘 재밌었어. 잘 가."

윤이는 작별 인사를 건네고 자기 집 쪽으로 걸음을 옮겼다. 그러고는 뒤도 안 돌아보고 금세 골목 저편으로 사라져 버렸다.

대성이는 윤이의 모습이 사라질 때까지 그 자리에 서 있었다. 가슴이 뿌듯했다.

'드디어 내가 윤이와 친해졌어!'

어깨를 으쓱하며 손을 주머니에 찔러 넣는데 무언가가 손끝을 찔렀다. 아까 분식집에서 윤이가 수학을 가르쳐 줄 때 썼던 연필이었다. 대성이는 연필을 돌려주려고 윤이가 사라진 골목길 쪽으로 달려갔다.

모퉁이를 돌아서 몇 미터쯤 갔을까. 대성이는 바닥에 떨어진 윤이의 가방을 발견했다.

"어, 이게 왜 여기 있지? 윤이야! 조윤이!"

아무리 불러도 대답이 없었다. 대성이는 다급한 마음에 주변을 두리번거렸다. 가방 옆에 아까 그 할머니한테서 받았던 사탕이 껍질째 떨어져 있었다. 자세히 보니 사탕을 싼 포장지가 검게 변해 있었다.

'이상하다. 아까 받았을 때는 이런 색깔이 아니었는데?'

대성이는 불길한 예감이 들어, 사탕을 얼른 집어 들고 냄새를 맡아 보았다. 냄새는 달콤했지만 정신이 몽롱해지는 듯했다.

'앗, 윤이가 납치됐다!'

순간 눈앞이 캄캄해졌다. 대성이는 저도 모르게 비밀 기지가 있는 학교를 향해 달렸다.

비밀 기지에서는 현도와 미라, 수영이가 강 박사와 함께 수학 공부를 하는 중이었다.

"약수 단원에서 나오는 소수란 0.1이나 0.2할 때의 그 소수가 아닙니다. 약수가 1과 자기 자신밖에 없을 때 그 수를 소수라고 부릅니다. 예를 들어 7의 약수는 1과 7뿐입니다. 따라서 7은 소수이지요."

현도가 '소수와 합성수' 중에서 소수에 대해 설명하고 있었다. 수영이가 손을 번쩍 들고 질문했다.

"그럼 5도 소수겠네요?"

"맞습니다. 반대로 약수가 2개 이상인 수는 합성수라고 합니다. 모든 자연수는 소수의 곱으로 나타낼 수 있습니다. 12는 3 곱하기 4입니다. 그런데 4는 2와 2로 나눌 수 있지요. 즉, 12는 3 곱하기 2 곱하기 2입니다. 이때 3도 소수, 2도 소수지요? 이렇게 약수를 소수로 잘게 쪼개는 것을 '소인수 분해'라고 합니다."

미라와 수영이는 진지하게 현도의 발표를 듣고 있었다. 이때 대성이가 숨을 헐떡이며 뛰어 들어왔다.

"어디 갔었어? 아무리 찾아도 안 보이기에 우리끼리 시작했잖아."

현도가 핀잔을 주었다.

"헉헉……, 지금 그게 중요한 게……, 아니……, 헉헉……, 윤이가 사탕……, 괴물들에게……, 헉헉……."

대성이는 말도 제대로 잇지 못하고 바닥에 털썩 주저앉았다. 강 박사는 대성이를 진정시키고 자초지종을 들었다. 현도와 미라, 수영이도 옆에서 대성이의 이야기를 들었다.

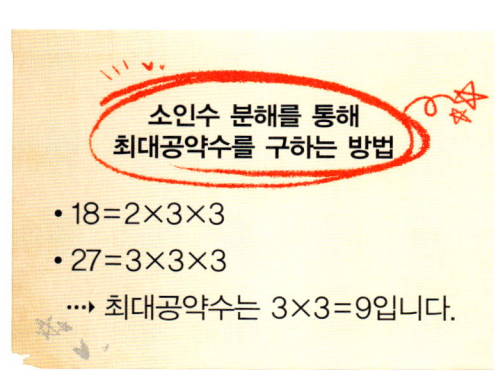

소인수 분해를 통해 최대공약수를 구하는 방법
• 18=2×3×3
• 27=3×3×3
⋯▶ 최대공약수는 3×3=9입니다.

"그 사탕을 이리 다오."

강 박사는 사탕을 보더니 눈살을 찌푸렸다.

"사탕 속에 약이 들어 있구나. 정신을 몽롱하게 만들어 초능력을 못 쓰도록 한 거다. 바리문 녀석들이 머리를 쓰기 시작했구나."

대성이는 윤이가 혹시 잘못됐을까 봐 불안해서 견딜 수가 없었다. 당장 윤이를 구하러 가야겠다는 생각뿐이었다.

"사실 윤이는 최초의 매스레인저 후보였다. 윤이는 선천적으로 수학의 힘을 타고 나서 매스레인저로 변신하지 않고도 초능력을 쓸 수 있지. 그 애가 수학을 잘하는 것도 다 그런 이유 때문이란다. 하지만 윤이는 평범한 아이로 살고 싶어 했다. 자신의 초능력을 몹시 싫어했지."

대성이는 아까 윤이가 수학이라면 지긋지긋하다면서 눈물을 흘렸던 게 떠올랐다. 왜 윤이가 갑자기 눈물까지 흘리면서 화를 냈는지 이제야 알 것 같았다.

"윤이에게 매스레인저가 되어 보라고 권유했지만 거절당했다. 놈들도 윤이의 뛰어난 능력을 노리고 예전부터 납치를 시도했지. 윤이한테 좀 더 신경을 써야 했는데 내가 방심했구나."

강 박사의 말을 듣고 있던 대성이는 주먹으로 자기 가슴을 치며 후회했다.

'왜 낯선 할머니를 의심하지 않았을까? 윤이가 그 사탕을 먹지 않고 내가 그것을 먹었다면 아무 일도 없었을 텐데……. 윤이가 납치된 건

내 탓이야.'

대성이는 마음이 더욱 급해졌다.

"강 박사님! 당장 윤이를 구해야 돼요. 윤이를 찾아 주세요!"

다른 아이들도 강 박사를 재촉했다.

"알리미야, 어서 매스위성을 작동시켜라."

대형 모니터에 '위성 탐사 중'이라는 신호가 떴다. 강 박사는 무겁게 말을 이었다.

"윤이를 납치하려고 악신들이 치밀한 작전을 세운 모양이다. 이번 싸움은 만만치 않을 거야. 다들 각오해라."

"네!"

모두 한목소리로 외쳤다. 대성이는 매스폰이 부서져라 꽉 쥔 채 두 눈을 부릅떴다.

'비겁한 놈들, 절대 용서 못 해!'

약수와 최대공약수

1) 약수는 무엇일까?

약수는 '어떤 자연수를 나누어떨어지게 하는 수'를 말한답니다. 6이라는 숫자를 예로 들어 볼게요. 6을 두 수의 곱으로 나타내면 '1×6'과 '2×3'이에요. 이때 6은 1, 2, 3, 6으로 나누어떨어지는데, 이것이 바로 6의 약수예요.

2) 약수를 구할 때 주의할 점

두 수의 곱을 나타낼 때 하나 정도 빠뜨리는 경우가 있어요. 이때는 두 수의 곱을 양쪽 끝부터 써 가면 실수를 줄일 수 있답니다. 예를 들어 15의 경우 1×15와 3×5로 나타낼 수 있으므로 먼저 1,   15를 쓰고 그 중간에 1, 3, 5, 15를 쓰면 됩니다.

3) 공약수와 최대공약수

15와 45의 약수는 다음과 같습니다.

> 15의 약수 : 1, 3, 5, 15
> 45의 약수 : 1, 3, 5, 9, 15, 45

여기서 1, 3, 5, 15는 15의 약수에도, 45의 약수에도 들어 있는 것을 알 수 있어요. 이와 같은 수를 15와 45의 '공약수'라고 하고, 공약수 중 가장 큰 15를 '최대공약수'라고 한답니다.

4. 소수와 합성수

2의 약수는 1, 2이고 3의 약수는 1, 3이에요. 이처럼 약수가 1과 자기 자신뿐인 수를 '소수(prime number)'라고 해요. 50까지의 수 중에서 2, 3, 5, 7, 11, 13, 17, 23, 29, 31, 37, 41, 43, 47이 소수예요.

반면 4의 약수는 1, 4 이외에 2도 있어요. 이처럼 약수가 3개 이상인 수는 '합성수'라고 해요. '복합수'나 '비소수'라고 부르기도 한답니다.

5. 서로소

2와 3의 공약수는 1뿐이에요. 3과 8, 그리고 4와 9의 공약수도 1뿐이지요. 이처럼 공약수가 1뿐인 두 수를 '서로소'라고 해요.

6. 소인수 분해

자연수는 소수의 곱으로 나타낼 수 있어요. 이때 각 인수를 '소인수'라고 해요. 예를 들어 12는 2×2×3으로 나타내지요. 여기에서 2와 3은 바로 12의 소인수예요.

그리고 합성수를 소수의 곱 형태로 바꾸는 것을 '소인수 분해'라고 해요. 18을 소인수 분해하면 다음과 같아요.

1. 숫자를 좋아하는 도깨비가 있습니다. 도깨비는 만나는 사람들에게 다음과 같이 말합니다.

   "어떤 숫자라도 좋으니 나한테 안 보이도록 해서 세 자리 숫자를 써라. 그런 다음 그 숫자 옆에 다시 그 숫자를 나란히 써라. 그러면 여섯 자리 숫자가 될 것이다. 이렇게 해서 나온 여섯 자리 숫자를 가지고 세 번의 나눗셈을 해 보아라. 만약 세 번의 나눗셈 중에 단 한 번이라도 나누어떨어지지 않고 나머지가 생긴다면 그 즉시 나는 너의 생명을 빼앗겠다."

   이 도깨비는 이렇게 만들어진 여섯 자리 숫자를 소수인 7, 11, 13으로 나누도록 했습니다. 그런데 어찌된 일인지 도깨비에게 생명을 빼앗긴 사람은 단 한 명도 없었다고 합니다. 왜일까요?

   ※답〉 (예) 672라는 세 자리 수를 생각해 보자. 672를 두 번 이어 써서 여섯 자리 수 672672를 만든다. 그러면 672672 = 672×1000 + 672라고 쓸 수 있다. 다시 말하면 1000을 곱해서 수에 100을 곱한 것과 같다. 즉, 672672 = 672×1000 + 672라고 쓸 수 있다. 7, 11, 13으로 나누어보면, 7×11×13 = 1001로 꼭 떨어지는 수이다. 따라서 원래 생각한 수에 1001(7×11×13)을 곱한 수가 되므로, 당연히 7, 11, 13으로 나누어 떨어지게 되어 있는 것이다.

완전정복 7단계 분수 (2~6학년)

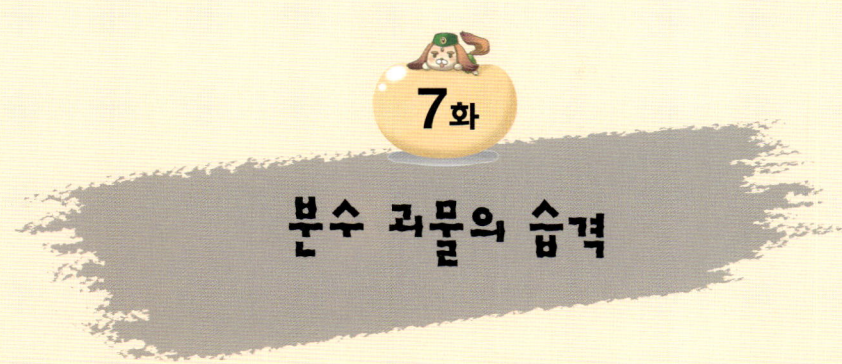

7화

분수 괴물의 습격

 눈을 떠 보니 주위가 암흑처럼 어두컴컴했다. 공기는 으스스한 기운이 느껴질 정도로 차가웠다.
 윤이는 몸을 움직여 보려고 안간힘을 썼지만 꼼짝도 할 수 없었다. 자세히 보니 손과 발이 쇠사슬에 묶인 채 벽에 고정되어 있었다. 윤이는 그제야 자신이 지하 창고에 갇혀 있음을 깨달았다.
 삐거덕 소리가 나고 문이 열리더니 작은 그림자가 들어왔다. 좀 전에 사탕을 준 그 할머니였다.
 "아무리 초능력자라도 애들은 어쩔 수 없구나. 겨우 사탕에 넘어가다니. 히히히……."
 "그럼, 당신은?"
 "그렇다. 난 데르몬 님이다."
 데르몬은 본래의 모습으로 변했다. 윤이는 초능력을 사용하려고 정신

을 집중했다. 그러자 머리가 깨질 듯이 아파 왔다.

"아악!"

윤이는 고통을 참지 못하고 비명을 내질렀다.

"네 머리에 헬멧이 씌워져 있지? 그 헬멧에는 뇌파를 방해하는 전류가 흘러. 그래서 초능력을 쓸 수가 없지."

윤이는 입술을 질끈 깨물었다.

'아, 매스레인저가 되었다면 이런 위기에 빠지지 않았을 텐데.'

"으음, 몸 전체에 넘치는 이 수학 에너지……. 너를 시바 님께 제물로 바치겠다."

"흥! 누구 맘대로?"

"두고 보면 알게 되겠지. 으하하하!"

데르몬이 끔찍할 정도로 잔인한 웃음을 터뜨렸다.

서울 변두리에 있는 공원의 숲.

드디어 매스폰에 신호가 잡혔다. 매스레인저가 있는 장소에서 500미터 가량 떨어진 곳이었다. 신호가 더 이상 바뀌지 않는 것으로 봐서 윤이는 움직이지 못하는 상태인 게 분명했다.

신호를 따라 가 보니 매우 낡은 5층짜리 건물이 한 채 있었다. 건물에는 보습학원, 슈퍼마켓 등의 간판이 줄줄이 붙어 있었지만 모두 불이 꺼져 있었다. 아마도 오랫동안 사용하지 않

은 건물인 듯했다. 대성이는 서둘러 건물 안으로 뛰어 들어갔다.

"매스레드, 멈춰요! 다른 대원들과 속도를 맞추라고요!"

그러나 대성이는 알리미의 지시를 무시한 채 쏜살같이 달렸다. 그러자 다른 대원들도 곧바로 대성이의 뒤를 따라 뛰었다. 매스폰의 신호를 따라가자 지하로 통하는 계단이 나왔다. 매스레인저는 조심스럽게 계단 아래로 내려갔다.

"왠지 으스스한데요. 금방이라도 귀신이 튀어나올 것만 같아요."

수영이가 잔뜩 긴장한 목소리로 말했다. 바로 그때였다. 맨 앞에 가고 있던 대성이의 몸이 공중에 붕 떴다가 다시 바닥으로 곤두박질쳤다.

"저길 봐!"

미라가 가리킨 곳에 괴물 두 마리가 있었다. 거북 등껍질 같은 단단한 껍질로 둘러싸여 있는 흉측한 괴물이었다. 하나는 기다란 목 위에 유난히 작은 머리가 달려 있었고, 다른 하나는 몸집에 비해 유난히 큰 머리가 달려 있었다. 그리고 머리가 작은 괴물의 몸에는 $\frac{1}{2}$, 머리가 큰 괴물의 몸에는 $\frac{5}{3}$라고 새겨져 있었다.

"저 놈들은 분수 괴물이로군!"

비밀 기지에서 모니터를 통해 괴물의 모습을 지켜보고 있던 강 박사가 소리쳤다.

"잘 들어라, 매스레인저! 저 분수 괴물은 지금까지 싸웠던 괴물들과는 차원이 다르다. 아직까지 한 번에 쓰러뜨릴 방법을 찾지 못한 괴물들이야."

강 박사가 걱정한 대로 매스레인저는 분수 괴물에게 밀렸다. 지금까지 상대한 괴물들은 대부분 힘만 믿고 무식하게 덤벼들었지만, 이 녀석들은 달랐다. 자신의 신체적 특성에 맞게 역할을 나누어서 매우 지능적으로 매스레인저를 공격했다. $\frac{1}{2}$괴물이 긴 팔을 마구 휘두르며 매스레인저의 정신을 쏙 빼놓으면, 곧바로 $\frac{5}{3}$괴물이 탱크처럼 달려들어 대원들 사이의 틈을 더욱더 벌려 놓았다.

대성이는 이를 악물고 $\frac{5}{3}$괴물을 향해 온몸을 날렸다. 그러나 괴물은 끄떡도 하지 않았다. 오히려 대성이의 몸이 공처럼 튕겨나가 저만치 나동그라졌다.

그러자 현도가 매스이카루스를 꺼내들었다. $\frac{1}{2}$괴물이 잽싸게 팔을 뻗어 현도의 손에서 매스이카루스를 탁 쳐 냈다. 당황한 미라와 수영이는 얼음이 된 듯 꼼짝도 하지 못했다.

"놈들을 자연수로 만들어. 어서!"

강 박사가 다급한 목소리로 지시했다.

"자연수로 만들라고요? 어떻게 하면 되죠?"

대성이가 지그재그로 달리며 강 박사에게 물었다. 분수 괴물들은 앞으로 나아가는 속도는 엄청나게 빨랐지만, 지그재그로 달리는 대성이의 움직임은 따라잡지 못했다.

"머리가 작은 놈은 진분수, 머리가 큰 놈은 가분수라는 녀석이다. 진분수는 1보다 작기 때문에 머리가 작은 거고, 가분수는 1보다 크기 때문에 머리가 크지. 진분수를 자연수로 만들려면 무조건 1이 되기 위해 필요한 수를 더해 주면 된다. 그리고 가분수는 어떤 수를 빼서 자연수로 만들 수도 있고, 어떤 수를 더해서 자연수로 만들 수도 있어."

강 박사의 조언을 들은 대성이는 매스폰을 꺼내 들고 진분수 괴물을 겨냥했다. 날렵한 진분수 괴물이 사라지면 가분수 괴물은 어렵지 않게 해치울 수 있을 것 같았다.

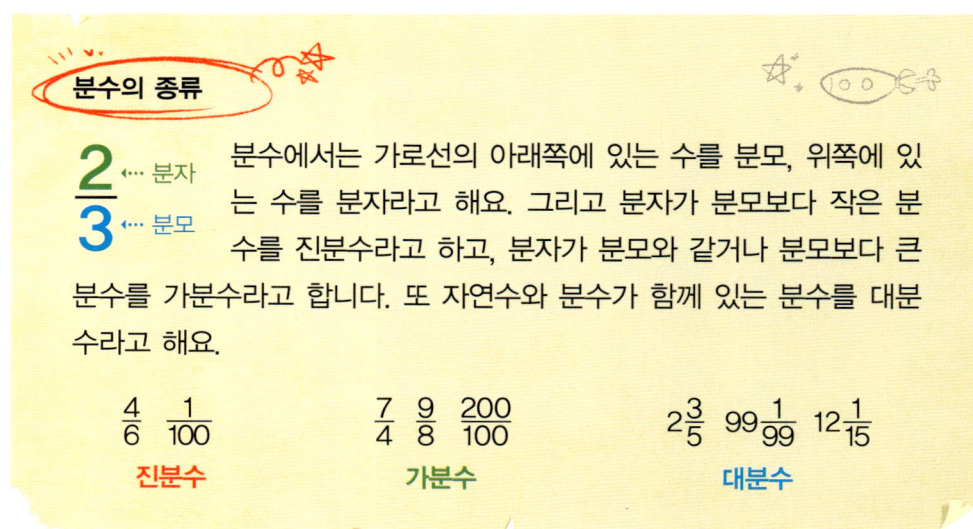

분수의 종류

$\frac{2}{3}$ ← 분자
← 분모

분수에서는 가로선의 아래쪽에 있는 수를 분모, 위쪽에 있는 수를 분자라고 해요. 그리고 분자가 분모보다 작은 분수를 진분수라고 하고, 분자가 분모와 같거나 분모보다 큰 분수를 가분수라고 합니다. 또 자연수와 분수가 함께 있는 분수를 대분수라고 해요.

$\frac{4}{6}$ $\frac{1}{100}$ $\frac{7}{4}$ $\frac{9}{8}$ $\frac{200}{100}$ $2\frac{3}{5}$ $99\frac{1}{99}$ $12\frac{1}{15}$

진분수　　　　　　가분수　　　　　　　대분수

"야, 매스블루! $\frac{1}{2}$을 자연수 1로 만들려면 어떻게 해야 하냐? 아무리 생각해도 모르겠다."

"$\frac{1}{2}$은 1의 절반이니까 $\frac{1}{2}$을 더해 주면 1이 돼."

대성이는 재빨리 $+\frac{1}{2}$을 입력하고 진분수 괴물을 향해 매스빔을 발사했다. 그러자 괴물은 대성이의 허리에도 못 미칠 만큼 작아졌다. 신이 난 대성이는 다른 대원들에게 큰 소리로 설명했다.

"괴물의 몸에 새겨진 숫자에 다른 수를 더하거나 빼서 자연수로 만들어. 그러면 괴물이 약해진대."

이번에는 현도가 가분수 괴물을 향해 매스폰을 겨냥했다.

'$\frac{5}{3}$는 $\frac{1}{3}$이 5개 있는 거니까, $\frac{1}{3}$을 1개만 더해 주면 $\frac{6}{3}$이 되어 자연수 2가 되지!'

현도가 $+\frac{1}{3}$을 매스폰에 입력한 후 힘차게 매스빔을 발사했다. 매스빔이 정확히 가분수 괴물의 몸을 뚫고 지나가자 괴물은 조그맣게 오그라들었다.

"야호!"

현도와 대성이가 작아진 괴물들에게 달려들어 매스빔을 막 쏘려는데 강 박사가 다급히 외쳤다.

"잠깐! 괴물의 약점을 정확히 파악하려면 정보가 필요하다. 매스핑크, 네 왼쪽 무릎을 만져 봐."

매스핑크 미라는 강 박사가 시키는 대로 왼쪽 무릎에 손을 갖다 댔다. 손끝에 가느다란 바늘 같은 게 만져졌다. 꺼내서 자세히 살펴보니 체온계처럼 생긴 쇠바늘이었다.

"자, 그것을 괴물의 몸에 1분씩만 꽂아 둬라."

미라는 먼저 진분수 괴물의 몸에 바늘을 꽂았다. 그러자 바늘이 녹색으로 변하면서 미라의 매스폰에 '데이터 전송 중'이라는 메시지가 떴다.

"그 바늘은 최첨단 정보 전송 장치란다. 어떤 물체에 꽂기만 하면 그 물체와 관련된 모든 정보를 즉시 비밀 기지에 있는 슈퍼컴퓨터로 전송해 주지."

진분수 괴물의 정보 전송이 끝나자 미라는 가분수 괴물의 팔에 바늘을 옮겨 꽂았다.

"이제 됐다. 그런데 녀석들을 말끔히 해치우려면 분수에 대해서 확실히 알아 둬야겠구나. 모두 가지고 있는 매스폰의 화면을 보도록."

매스폰 화면에 분수에 대한 자료가 떴다.

분수란 똑같이 나누는 것

고대 이집트나 바빌로니아에서는 다함께 농사지어 거둔 곡식을 똑같이 나누기 위해 분수를 사용했어요. 예를 들어 참외가 3개가 있는데 4명이 나누어 먹어야 할 때 고대 이집트인들은 아래의 방식을 선택했답니다.

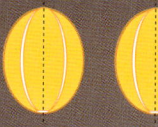 참외 2개를 반으로 나누어 한 사람이 $\frac{1}{2}$씩 갖습니다.

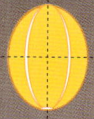 참외 1개를 네 조각으로 나누어 한 사람이 $\frac{1}{4}$씩 갖습니다.

결국 한 사람이 $\frac{1}{2}+\frac{1}{4}$, 즉 $\frac{3}{4}$씩 나누어 가질 수 있었어요. 이집트인들은 오늘날 우리가 쓰는 $\frac{3}{4}$이라는 분수 대신, $\frac{1}{2}$과 $\frac{1}{4}$의 합으로 계산했던 거예요. 이처럼 분수의 원칙은 똑같이 나누는 것, 바로 등분(等分)이에요.

부분과 전체로서의 분수

분수 $\frac{3}{5}$은 전체가 5개로 나누어지는 것 중 3개라는 의미예요. 즉 5개 중의 3개를 가리키지요.

몫으로서의 분수

분수 $\frac{3}{5}$은 3÷5의 몫으로도 생각할 수 있습니다. 예를 들어 과자 3개를 5명이 똑같이 나누어 먹을 때를 생각해 보세요. 각 한 명은 한 개의 과자에서 $\frac{1}{5}$의 과자를 먹게 되므로 $\frac{1}{5}+\frac{1}{5}+\frac{1}{5}=\frac{3}{5}$, 또는 $3÷5=\frac{3}{5}$만큼 먹게 됩니다.

비율로서의 분수

여자 3명과 남자 5명을 비교하는 것을 기호 ':'을 이용하여 '3:5'로 나타낼 수 있어요. 이것은 '3대5'라고 읽으며, '5에 대한 3의 비', '3의 5에 대한 비', '3과 5의 비'라고 합니다. 분수로 나타내면 $\frac{3}{5}$이 됩니다.

그런데 자료 화면을 열심히 보고 있던 대성이가 불쑥 질문을 던졌다.

"강 박사님, 아까 머리가 큰 괴물이 머리가 작은 괴물보다 힘이 더 세던데요, 혹시 무슨 이유가 있나요?"

"진분수는 1보다 작은 분수, 가분수는 1보다 큰 분수이다. 그래서 가분수 괴물의 힘이 더 센 거야. 이해되니? 자, 이쯤에서 문제를 풀어 볼까?"

강 박사가 매스폰 화면에 문제를 하나 띄웠다.

"$\frac{4}{7}$와 $\frac{3}{5}$ 중에서 어떤 수가 더 클까?"

대성이가 자신 없는 목소리로 중얼거렸다.

"음, 위쪽도 4가 3보다 더 크고……."

"대성아, 분수의 윗부분은 분자라고 부르고 아랫부분은 분모라고 부른단다."

분모가 다른 분수의 크기 비교

분모가 다른 $\frac{1}{3}$과 $\frac{2}{7}$의 크기를 비교할 때는 먼저 아래의 직사각형을 가로로 3등분, 세로로 7등분해서 모두 21조각이 되게 합니다. $\frac{1}{3}$은 전체 21개 중 7개이고, $\frac{2}{7}$는 전체 21개 중 6개예요. 즉, $\frac{1}{3}=\frac{7}{21}$이고 $\frac{2}{7}=\frac{6}{21}$이지요. 그러므로 $\frac{1}{3}$이 $\frac{2}{7}$보다 더 큰 분수가 됩니다. 이처럼 분모가 다른 분수는 먼저 분모를 같게 만들어 분수의 크기를 비교합니다.

"아하, 분자와 분모라고 부르는구나! 분자도 4가 3보다 크고, 분모도 7이 5보다 더 크니까 $\frac{4}{7}$가 더 큰 수 아닌가요?"

"과연 그럴까? 이번에는 수영이가 대답해 보겠니?"

"통분하면 어느 것이 더 큰지 알 수 있어요."

"그렇지! 통분을 하면 해결할 수 있어."

'통분?'

통분

분모를 똑같이 만드는 것을 통분이라고 해요. $\frac{1}{2}$, $\frac{1}{3}$과 크기가 같은 분모를 찾아보면 아래와 같습니다.

$\frac{1}{2}=\frac{2}{4}=\frac{3}{6}=\frac{4}{8}=\cdots\cdots$ $\frac{1}{3}=\frac{2}{6}=\frac{3}{9}=\frac{4}{12}=\cdots\cdots$

이중에서 분모가 똑같이 6인 분수가 있지요. 그러므로 분모를 6으로 통분하면 $\frac{1}{2}$과 $\frac{1}{3}$은 각각 $\frac{3}{6}$과 $\frac{2}{6}$가 됩니다. 그러므로 $\frac{1}{2}+\frac{1}{3}=\frac{3}{6}+\frac{2}{6}=\frac{5}{6}$가 됩니다.

대성이는 난생 처음 들어 보는 말에 당황했다. 대성이의 마음을 읽은 강 박사가 얼른 설명을 덧붙였다.

"통분이란 분모의 숫자를 똑같이 만들어 주는 거야. 분모가 똑같으면 분자의 숫자만 보고 어떤 분수가 더 큰지 금방 알 수 있어. 자, 그럼 통분은 어떻게 할까?"

"서로 다른 분모의 최소공배수를 구한 다음, 그것을 공통분모로 만들어 줘야 해요."

현도가 또박또박 대답했다.

"바로 그거야! 그럼 $\frac{4}{7}$와 $\frac{3}{5}$을 통분해 보자. 먼저 분모인 7과 5의 최소공배수를 구해야 되겠지?"

"7과 5의 최소공배수는 35예요!"

이번에는 대성이가 씩씩하게 외쳤다.

"옳지, 잘했다. 그럼 이제 35를 공통분모로 해서 통분을 할 차례다. $\frac{4}{7}$는 분모 7을 35로 만들기 위해 분모에 5를 곱해 줬으니까 분자 4에도 똑같이 5를 곱해 주고, $\frac{3}{5}$은 분모 5를 35로 만들기 위해 7을 곱해 줬으니까 분자 3에도 똑같이 7을 곱해 주면 돼. 그러면 $\frac{4}{7}$는 $\frac{20}{35}$이 되고, $\frac{3}{5}$은 $\frac{21}{35}$된다. 이제 어느 쪽이 더 큰지 한눈에 알아보겠지?"

"어라? $\frac{4}{7}$보다 $\frac{3}{5}$이 더 크네요. 우아, 신기하다!"

대성이가 입을 쩍 벌리고 탄성을 터뜨렸다.

"분수는 자연수보다 훨씬 까다롭다. 지금부터 본격적으로 분수 괴물들을 상대하게 될 테니 단단히 각오하도록!"

"네!"

강 박사의 말이 끝나기가 무섭게 대성이는 분수 괴물을 향해 마지막 한 방을 쏜 뒤 서둘러 윤이가 있는 곳을 향해 달리기 시작했다. 그 모습을 본 미라가 고개를 절레절레 흔들었다.

"연습도 하지 않고 바로 실전이라니, 왠지 불안한데."

"그러게 말이야. 하지만 어쩌겠어. 일단 윤이를 구하러 가는 수밖에. 어휴……."

현도가 대성이를 따라잡기 위해 막 발걸음을 떼려는 순간이었다.

우르르 쾅!

요란한 소리와 함께 한쪽 벽이 무너지더니 수십 마리의 분수 괴물이 쏟아져 나왔다. 목이 자라처럼 긴 진분수 괴물과, 탱크처럼 딱딱한 껍질을 가진 가분수 괴물들이 매스레인저의 앞을 가로막았다.

"다 덤벼라, 이 매스레드가 상대해 주마!"

아까와는 달리 대성이의 얼굴에 자신감이 넘쳐흘렀다. 다른 대원들도 얼른 전투 채비를 갖추었다.

대성이는 기합을 넣으며 매스이글을 힘껏 던졌다. 그러자 괴물 군단의 맨 뒤에서 특이하게 생긴 괴물이 튀어나오더니 매스이글을 걷어 냈다. 그 괴물은 진분수 괴물의 기다란 목과 가분수 괴물의 딱딱한 껍질뿐만 아니라 어마어마하게 큰 방패까지 들고 있었다.

"맙소사, 저건 대분수 괴물이잖아!"

매스폰에서 강 박사의 탄성이 흘러나왔다.

윤이는 2년 전에 헤어진 엄마를 떠올렸다. 윤이 엄마는 특별한 능력을 가지고 태어난 윤이를 보호하기 위해 미국으로 보냈다. 미국에서 새로운 친구들을 사귀면 윤이가 평범하게 살 수 있을지도 모른다고 기대했던 것이다. 하지만 윤이는 미국에서도 늘 혼자였다. 미국 친구들은 월등한 실력을 갖춘 윤이를 질투하고 따돌렸다.

윤이는 평범한 사람이 되게 해 달라고 매일같이 기도했다. 하지만 아무리 기도하고 노력해도 평범해질 수 없었다. 그리고 이제는 데르몬에게 잡혀 어두컴컴한 지하실에 갇히는 신세가 되고 말았다.

"날 이곳에 가둬 두는 이유가 뭐야? 시바인지 뭔지 하는 신에게 제물

로 바치려면 지금 당장 데려가도 되잖아."

그러자 데르몬이 코웃음을 치며 대답했다.

"우리는 단순한 인간과는 달라. 너를 신전에 직접 데려가지 않고도 얼마든지 제물로 바칠 수 있거든."

"무슨 뜻이야?"

"너의 팔과 다리에 묶여 있는 사슬을 이용해서 네가 가진 에너지를 흡수할 것이다."

윤이의 몸을 묶은 사슬은 데르몬 뒤편에 있는 기계에 연결돼 있었다. 계기판의 빨갛고 노란 불빛들이 쉴 새 없이 깜빡거리는 것으로 보아 기계는 부지런히 윤이의 초능력을 흡수할 준비를 하고 있는 듯했다.

"너의 에너지는 모두 시바 님을 위해 쓰일 것이다. 으하하하하!"

데르몬은 잔인한 표정을 지으며 시작 버튼에 손을 가져갔다. 윤이는 너무 두려워서 두 눈을 꼭 감았다.

바로 그때 문이 삐걱 열리며 무언가가 날아들었다. 야구공만한 눈에 박쥐 날개를 가진 괴물이었다.

"무슨 일이냐?"

눈알 괴물이 눈동자에서 광선을 쏘자 벽에 영상이 띄워졌다. 매스레드가 괴물들과 싸우고 있는 장면이었다.

'아니, 저건 매스레인저? 어떻게 알고 여기까지 찾아왔지?'

윤이는 정신이 번쩍 들었다.

"바퀴벌레처럼 끈질긴 녀석들!"

데르몬은 씩씩거리며 영상을 지켜보았다. 매스레인저는 있는 힘을 다해 괴물에 맞서 싸우고 있었다. 매스레드가 맨 앞으로 달려 나가며 큰 소리로 외쳤다.

"빨리빨리 움직여! 어서 윤이를 구해야 할 것 아냐?"

윤이는 매스레드가 몸을 아끼지 않고 괴물들을 공격하는 모습을 보며 가슴 한쪽이 찡해지는 것을 느꼈다.

"저 녀석들이 너를 구할 수 있을 거라고 기대하지 마라. 혹시나 녀석들이 대분수 괴물을 쓰러뜨린다 해도 이 데르몬 님께는 비밀 무기가 또 있으니까 말이다. 애송이 녀석들, 힘의 차이를 똑똑히 보여 주마. 음하

하하!"

데르몬이 손가락을 한 번 퉁기자 어둠 속에서 무수히 많은 눈동자들이 반짝거리기 시작했다. 분수 괴물과는 또 다른 괴물들이었다.

'어떻게든 새로운 괴물의 존재를 알려야 해. 그렇지 않으면 모두 위험에 빠질 거야.'

윤이는 정신을 바짝 차렸다. 자신도 모르게 초능력을 사용하려고 했는지 머리가 욱신욱신 쑤셨다.

매스레인저는 대분수 괴물을 상대로 치열한 전투를 벌이고 있었다. 어마어마한 수의 대분수 괴물들이 한꺼번에 덤벼들 때마다 매스레인저는 한 걸음씩 뒤로 밀렸다.

매스핑크 미라는 대분수 괴물을 무찌르기 위해 쉬지 않고 매스폰에 분수를 자연수로 만드는 수를 입력한 후 매스빔을 발사했다. 하지만 매스빔은 대분수 괴물의 방패에 막혀 번번이 튕겨 나갔다.

'어, 이상하다. 도대체 왜 안 되는 거지? 분명 매스빔에 $+\frac{2}{7}$를 입력했으면 $2\frac{5}{7}$ 괴물이 쓰러져야 하는데……. $2\frac{5}{7}$는 2에다 $\frac{5}{7}$를 더한 수잖아. 2를 분수로 쓰면 $\frac{14}{7}$니까 대분수 $2\frac{5}{7}$를 가분수로 바꾸면 $\frac{19}{7}$, 여기에 $\frac{2}{7}$를 더하면 자연수 3이 돼. 그런데 왜 매스빔이 통하지 않는 걸까?'

미라뿐만 아니라 대성이와 현도도 같은 고민에 빠져 있었다. 그러자 조용히 싸움에 몰두하던 수영이가 입을 열었다.

"약분을 하면 어떨까요?"

현도가 탄성을 질렀다.

"그래, 약분! 왜 여태 그 생각을 못했지?"

"그게 뭔데?"

대성이가 괴물 한 마리를 가까스로 밀어내며 다급하게 물었다.

"약분은 분자와 분모를 둘의 공약수로 나누는 거예요."

"음……. 좀 더 쉬운 방법은 없어?"

"역수를 곱해 보세요."

"역수는 또 뭐야?"

"분수에서 분모와 분자를 뒤바꾼 것을 '역수'라고 해요. 원래의 분수에 역수를

곱하면 서로의 분모와 분자가 나누어지면서 1이 되지요."

설명을 다 끝낸 후 수영이는 $2\frac{5}{7}$괴물을 향해 매스폰을 겨누었다.

"$2\frac{5}{7}$는 $\frac{19}{7}$! $\frac{19}{7}$의 역수는 $\frac{7}{19}$이지. 받아라, 이 괴물아!"

수영이는 $\times \frac{7}{19}$을 입력한 뒤 매스빔을 쏘았다. 매스빔은 $2\frac{5}{7}$괴물의 몸에 정확히 맞았다. 괴물은 전기에 감전된 것처럼 부르르 몸을 떨더니 펑 하는 소리를 내며 사라졌다.

"야호, 해냈다!"

모두들 기쁨의 탄성을 질렀다.

"아유, 귀여운 녀석. 어떻게 그런 생각을 다 했냐!"

기분이 좋아진 대성이가 수영이의 목을 얼싸안자 수영이는 숨쉬기가 힘든지 캑캑거렸다.

"지금부터는 대분수를 가분수로 바꾼 다음 그 수의 역수를 곱해서 약분하도록 하자."

현도의 말이 끝나자마자 모든 대원이 동시에 매스폰을 열었다. 기세등등하던 대분수 괴물들이 슬슬 뒷걸음질치기 시작했다. 대성이가 다른 대원들 앞에 나서더니 리더다운 우렁찬 목소리로 말했다.

"내가 저놈들을 혼란스럽게 만들 테니까 너희는 문제를 맞혀서 놈들을 없애 버려."

> ### 약분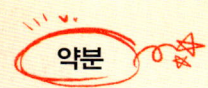
>
> $\frac{7}{49}$에서 분자와 분모를 공약수인 7로 나누면 $\frac{1}{7}$이 됩니다. 이처럼 분모와 분자를 공약수로 나누는 것을 약분이라고 해요. 예를 들어 $\frac{24}{30}$에서 분모와 분자를 공약수인 2, 3, 6으로 약분하면 각각 $\frac{12}{15}, \frac{8}{10}, \frac{4}{5}$가 되지요. 이 중에서 $\frac{4}{5}$와 같이 분모와 분자의 공약수가 1뿐인 분수, 다시 말해 더 이상 약분할 수 없는 분수를 기약분수라고 한답니다.

그러고는 괴물들을 향해 불도저처럼 뛰어갔다.

윤이는 조심스럽게 정신을 집중해 보았다. 그러나 머리가 너무 아파 도무지 초능력을 사용할 수 없었다.

윤이는 초능력을 쓰는 것을 포기하고 눈알 괴물이 쏘는 영상을 지켜보았다. 매스레인저가 대분수 괴물을 쓰러뜨리는 모습이 보였다.

'저 애들은 절대 포기하지 않는구나. 어디서 저런 힘이 솟는 걸까?'

매스레드는 뚜렷한 작전도 없이 막무가내로 달려드는 것처럼 보였지만, 자세히 살펴보면 대분수 괴물을 정신없게 만들어서 다른 대원들이 괴물을 쉽게 공격할 수 있도록 돕고 있었다. 윤이는 그 모습이 왠지 낯설지 않았다.

'그래, 한 번 더 시도해 보는 거야.'

다시 정신을 집중하자 아까와는 달리 마음이 차분하게 가라앉았다. 윤이는 눈을 감고 잔잔한 호수에 떠 있는 나뭇잎을 상상했다. 그런 다음 호수에 물결이 생기지 않도록 조심스럽게 나뭇잎을 공중으로 띄우는 장면을 떠올렸다. 그러자 손목에 묶여 있는 사슬이 아주 조금 흔들렸다. 머리는 전혀 아프지 않았다.

윤이는 데르몬이 밖으로 나가는 것을 확인한 뒤 본격적으로 정신을 집중했다. 사슬만 풀면 주머니에 있는 매스폰을 쓸 수 있었다. 한시라도 빨리 매스레인저에게 연락해서 위험을 알려야만 했다.

'조금만, 조금만 더!'

같은 시각, 강 박사는 비밀 기지에서 매스레인저가 대분수 괴물을 쓰러뜨리는 모습을 지켜보고 있었다. 어느새 매스레인저는 대성이를 중심으로 안정된 조직력을 갖추고 있었다.

대성이는 분수 계산에는 약했지만 공간 감각과 운동 신경은 누구보다 뛰어났다. 그래서 수영이가 알려 주는 답을 정확히 입력하여 순식간에 대분수 괴물을 해치웠다.

"박사님, 이대로라면 쉽게 윤이를 구할 수 있을 거예요."

알리미가 들뜬 목소리로 외쳤다. 하지만 강 박사의 얼굴은 여전히 어두웠다.

'괴물의 종류가 점점 다양해지고 있어. 이것은 바리문 악신의 힘이 강해지고 있다는 증거야.'

처음에 가분수와 진분수였던 괴물은 어느새 대분수 괴물로 발전했다. 더욱 강력한 힘을 가진 괴물이 언제 또 등장할지 알 수 없는 일이었다.

"앗, 박사님! 윤이의 매스폰에서 신호가 왔어요."

알리미는 재빨리 윤이와 통화를 시도했다.

"윤이야, 괜찮니?"

"네, 박사님. 저는 무사해요. 그런데……."

"지금 매스레인저가 너를 구하러 가고 있으니 조금만 기다려라."

"안 돼요, 오면 안 돼요. 악신의 부하가……."

"잘 안 들린다. 다시 말해 주겠니?"

"데르몬이 소수 괴물을 이끌고 매스레인저에게 가고 있어요."

"뭐?"

강 박사는 깜짝 놀라 자리에서 벌떡 일어섰다. 그러고는 서둘러 매스레드의 매스폰으로 신호를 보냈다.

"네, 박사님! 무슨 일이세요?"

"방금 윤이에게 연락이 왔는데 무사하다고 한다. 윤이는 지금 소수의 미로에 갇혀 있다. 시간이 좀 걸리긴 하겠지만 곧 찾을 수 있을 거다."

"정말이에요?"

대성이가 뛸 듯이 기뻐했다.

"기뻐하기엔 이르다. 너희는 곧……."

치지지직!

강 박사가 한창 말을 하고 있는데 잡음이 심해지더니 곧 매스폰의 신호가 끊겼다.

"박사님! 박사님!"

대성이가 다시 강 박사와 통화를 시도했지만 연결되지 않았다.

"통화가 안 되는 거야? 설마 박사님께 무슨 일이 생긴 건 아니겠지? 이제 우린 어쩌지?"

미라가 불안한 듯 몸을 움츠리며 대성이를 쳐다봤다.

"뭘 어떻게 해? 일단 윤이부터 찾아야지!"

대성이도 속으로는 살짝 겁이 났지만, 일부러 씩씩한 척하며 앞으로 성큼성큼 걸어 나갔다. 다른 대원들도 대성이의 뒤를 따랐다.

"평소에는 좀 멍청한데 이럴 때 보면 리더답다니까."

"뭐라고? 매스핑크, 다시 말해 봐!"

대성이가 벌겋게 달아오른 얼굴로 미라를 노려보았다.

"쉿! 매스레드, 진정하고 저길 좀 봐요."

수영이가 심각한 표정을 지으며 대성이의 말을 가로막았다. 그리고 손가락을 들어서 맞은편을 가리켰다. 대원들은 일제히 고개를 돌려 수영이가 가리키는 곳을 쳐다봤다. 셀 수 없이 많은 괴물들이 몰려오고 있었다.

"0.2×1.4라고? 그렇다면……."

매스레드, 매스블루, 매스핑크, 매스옐로가 동시에 소리쳤다.

"소수 괴물이다!"

강 박사는 계속해서 매스레인저와 연락을 하려고 노력했지만 모두 헛일이었다. 바리문 악신이 전파를 방해하고 있는 게 분명했다. 알리미가 노력하고 있지만, 원래대로 되돌리기 위해서는 꽤 많은 시간이 필요해

보였다.

"그나저나 저 건물에서 매우 강력한 수학의 힘이 뿜어져 나오고 있어요. 게다가 대성이는 아직 소수에 대해 공부하지 않아 소수 괴물에 맞서 싸울 수 없을 텐데, 이를 어쩌죠?"

소수 괴물이다!

알리미가 걱정스럽게 말했다. 강 박사도 걱정이 이만저만 아니었다. 그러나 강 박사는 믿음을 잃지 않았다. 대성이가 다른 대원보다 수학 실력이 떨어지는 건 분명하지만, 전투 감각은 어느 누구보다 뛰어나다는 사실을 잘 알고 있기 때문이었다.

"걱정 마라, 알리미야. 매스레인저가 다같이 힘을 합치면 어떤 어려운 상황이 닥치더라도 이겨 낼 수 있을 거야."

강 박사의 목소리에는 아이들에 대한 믿음이 가득 담겨 있었다.

분수의 사칙연산

1) 호루스 눈과 분수의 덧셈

오시리스(Osiris, 지하 세계의 신)와 이시스(Isis, 어머니의 여신)의 아들인 호루스는 오시리스가 그의 동생 세트(Seth, 악의 신)에게 살해 당하자, 아버지의 복수를 위해 80년 동안이나 전쟁을 벌여 승리를 거두었습니다. 하지만 그 와중에 한쪽 눈을 잃고 말았지요.

호루스의 왼쪽 눈은 오른쪽 그림과 같이 조각이 나서 이집트 전체에 뿌려졌다고 해요. 그러자 신들이 나서 호루스의 눈을 다시 찾아 되살리기 위해 노력했습니다. 그런데 어찌된 일인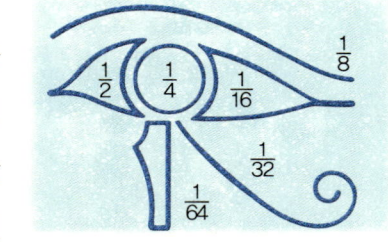
지 전체 눈을 1이라고 했을 때 호루스의 조각난 눈은 1이 되지 않았다고 해요. 오른쪽 그림을 보면서 그 이유를 알아보도록 해요.

$\frac{1}{5}$이 2개 있다면 $\frac{1}{5}+\frac{1}{5}$로 나타낼 수 있고, 그 합은 $\frac{2}{5}$가 됩니다. 그런데 호루스 눈처럼 분모가 다를 경우에는 통분을 해야 합니다. 호루스 눈의 분모는 각각 2, 4, 8, 16, 32, 64이고, 이들의 최소공배수는 64이므로 공통분모 64로 통분하면 다음과 같습니다.

$$\frac{1}{2}+\frac{1}{4}+\frac{1}{8}+\frac{1}{16}+\frac{1}{32}+\frac{1}{64}=\frac{32}{64}+\frac{16}{64}+\frac{8}{64}+\frac{4}{64}+\frac{2}{64}+\frac{1}{64}=\frac{63}{64}$$

결국 호루스의 눈은 $\frac{1}{64}$이 모자랐고, 그 모자라는 부분은 신들이 채워 주었다고 합니다.

2) 분수의 뺄셈

$\frac{3}{5} - \frac{1}{5}$의 경우 3개의 $\frac{1}{5}$에서 1개의 $\frac{1}{5}$을 빼는 것과 같으므로, $\frac{3}{5} - \frac{1}{5} = \frac{2}{5}$입니다. 분모가 다를 경우에는 덧셈과 마찬가지로 공통분모를 찾아 통분을 하면 됩니다.

$$\frac{2}{3} - \frac{1}{2} = \frac{4}{6} - \frac{3}{6} = \frac{1}{6}$$

3) 분수의 곱셈

'$\frac{3}{8} \times 4$'는 분수와 자연수의 곱셈입니다. 이것은 $\frac{3}{8} + \frac{3}{8} + \frac{3}{8} + \frac{3}{8}$이라고 나타낼 수 있지요. 따라서 $\frac{3}{8} \times 4 = \frac{3 \times 4}{8} = \frac{12}{8} = 1\frac{4}{8}$가 됩니다. 그런데 $\frac{3 \times 4}{8}$에서 분모의 8과 분자의 4는 최대공약수 4로 약분할 수 있으므로, 반드시 약분을 해야 합니다.

$$\frac{3}{8} \times 4 = \frac{3 \times \cancel{4}^{1}}{\cancel{8}_{2}} = \frac{3}{2} = 1\frac{1}{2}$$

분수와 분수의 곱셈도 마찬가지로 분자와 분모를 약분한 뒤 분모는 분모끼리, 분자는 분자끼리 곱하면 됩니다.

$$\frac{1}{4} \times \frac{1}{2} = \frac{1}{8}$$

4) 분수의 나눗셈

나눗셈은 곱셈으로 나타낼 수 있어요. 예를 들어 $\frac{2}{3} \div 5 = \frac{2}{3} \times \frac{1}{5} = \frac{2}{15}$가 됩니다. 분수와 분수끼리 나눌 때도 곱셈으로 바꾸어 계산하면 됩니다. $\frac{2}{5} \div \frac{3}{7}$을 함께 계산해 볼까요? $3 \div 4$가 $\frac{3}{4}$이 되는 것처럼 $\frac{2}{5} \div \frac{3}{7}$은 $\frac{\frac{2}{5}}{\frac{3}{7}}$가 돼요. 분모를 1로 만들기 위해 분자와 분모에 똑같이 $\frac{7}{3}$을 곱하면 다음과 같아요.

$$\frac{\frac{2}{5} \times \frac{7}{3}}{\frac{3}{7} \times \frac{7}{3}} = \frac{\frac{2}{5} \times \frac{7}{3}}{1} = \frac{2}{5} \times \frac{7}{3} = \frac{2 \times 7}{5 \times 3} = \frac{14}{15}$$

1. 아래 그림에서 똑같이 나누어진 그림에 ○표를 하세요.

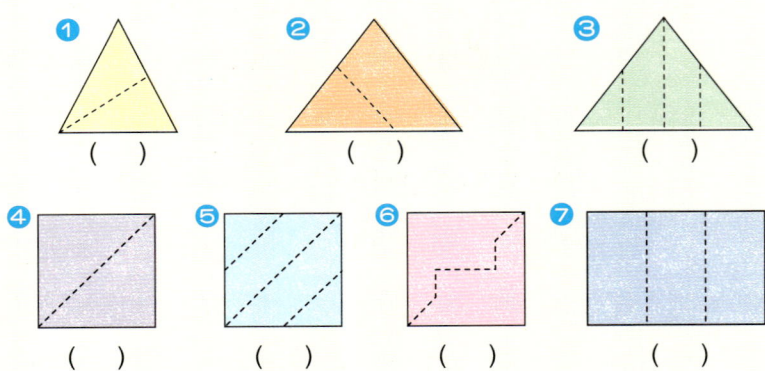

2. 다음 분수 중 어떤 것이 더 큽니까? 그렇게 생각하는 이유는 무엇인가요?

$$\frac{7}{27} \bigcirc \frac{1}{7}$$

3. 분모를 통분할 때 왜 최소공배수를 사용할까요?

답) 1. ③,④,⑥,⑦
2. 27과 7의 최소공배수는 189이다. 이 값을 분모로 통분하면 $\frac{27}{189}$이 되고, $\frac{49}{189}$는 $\frac{27}{189}$보다 크므로 $\frac{7}{27}$이 더 클 수 있다.
3. 통분을 할 때 공배수를 사용해도 상관없지만, 계산하기 쉽도록 분모를 최소화 하는 과정이 필요할 수 있고, 따라서 최소공배수가 효과적이다.

완전정복 8단계 소수 (3~6학년)

8화
소수의 미로

"소수에 대해 전혀 모르는데 어쩌면 좋지? 분수도 이제 겨우 배웠는데 소수라니!"

대성이가 두 손으로 머리를 감싸며 괴로워했다. 눈앞이 깜깜했다. 그러나 머뭇거릴 시간이 잠시도 없었다. 대원들은 괴물에게 들키지 않으려고 오른쪽에 있는 좁다란 통로를 지나 조심스럽게 앞으로 나아갔다. 그러나 얼마 지나지 않아 막다른 길에 이르렀다. 단단하게 쌓은 벽이 통로를 가로막고 있었다.

"저기 문이 하나 있어요."

수영이가 벽 위쪽을 가리키며 속삭였다. 정말 보초를 서는 괴물조차 없는 문이 하나 있었다.

"아, 다행이다. 괴물도 없으니까 쉽게 통과하겠는걸. 어서 가자."

조금 전까지 소수 괴물과 싸울 생각에 괴로워하던 대성이가 안도의 한숨을 내쉬면서 앞장섰다. 현도와 수영이가 그 뒤를 따랐다. 그러나 미라는 주춤거리고 있었다.

"다들 멈춰! 괴물들이 파 놓은 함정일지도 몰라. 내가 먼저 살펴보고 올게."

"아냐, 매스핑크는 여기서 기다려. 위험할지도 모르니 내가 갈게."

대성이가 미라를 향해 눈을 한 번 찡긋해 보이고는 문 쪽으로 다가갔다. 문 주변은 고요했다. 다행히 함정은 아닌 것 같았다. 그러나 쉽사리 들어갈 수 있는 곳은 아니었다. 강철로 만들어진 문에는 손잡이도 없었고 열쇠 구멍도 없었다.

대성이는 있는 힘을 다해 문을 밀어 보았지만 꿈쩍도 하지 않았다.

'문을 여는 방법이 분명히 있을 텐데……'

대성이는 두 눈을 크게 뜨고 찬찬히 문을 훑어보았다. 숫자가 보였다.

소수 문제를 발견한 대성이는 어쩔 줄 몰라했다.

"내가 답을 알고 있어요."

다행히 뒤따라온 매스옐로 수영이가 대성이의 걱정을 덜어 주었다. 그 바람에 대성이는 풀이 팍 죽어 버렸다. 매스핑크 미라와 매스블루 현도가 슬며시 웃었다.

"답은 14.52예요."

수영이의 대답과 동시에 문에 적힌 문제가 사라지면서 그 자리에 ×표가 나타났다.

"뭐야, 틀린 거야?"

대성이가 펄쩍 뛰며 흥분했다.

"정답이 확실해요. 검산까지 해 봤거든요."

수영이는 고개를 갸웃거렸다. 곧바로 또 다른 문제가 나타났다.

"이번에는 내가 해 볼게. 답은 68.46!"

현도가 재빠르게 암산을 한 뒤 답을 외쳤다. 그러나 이번에도 ×표가 나타나더니 다른 문제로 바뀌었다.

"어, 이상하다? 분명히 정답인데……. 대체 어떻게 된 거야? 뭐가 문제지?"

모두 발을 동동 구르며 안타까워했다. 그때 골똘하게 생각에 잠겨 있던 미라가 입을 열었다.

"애들아, 전에 강 박사님이 그러셨잖아. 매스레인저의 리더는 매스레인저 전체를 대표하는 것과 마찬가지라고."

"그래서?"

대성이, 현도, 수영이가 동시에 물었다.

"그러니까 리더인 대성이가 풀어야만 저 문이 열리는 게 아닐까?"

"내가? 난 소수를 모른단 말이야."

대성이는 무척 속이 상했다. 저 문만 열면 윤이를 구할 수 있는데, 그깟 소수 계산 하나 못해 문을 열 수 없다는 사실이 너무 억울해서 견딜 수 없었다.

"걱정 마, 대성아. 우리가 소수를 가르쳐 줄게."

"정말? 그런데 내가 과연 할 수 있을까?"

"나처럼 좋은 선생님이 있는데 무슨 걱정이냐?"

미라와 현도가 대성이에게 소수를 가르쳐 주는 동안 수영이가 망을 보기로 했다.

"분수와 소수는 형제와 마찬가지야. 아까 소수 괴물 봤지? 분수 괴물과 굉장히 비슷하게 생겼다는 느낌이 들지 않았어?"

분수와 소수는 형제와 같아.

대성이는 고개를 끄덕였다.

"벨기에의 수학자 스테빈은 십진법을 이용해

$\frac{1}{10}$은 0.1이고
$\frac{2}{10}$는 0.2야.

그러면 $\frac{10}{10}$을 소수로 나타내면 어떻게 될까?

음…….

1.0이야.

1보다 작은 소수도 있지만 1보다 큰 소수도 있어.

서 분수를 소수로 표현하는 방법을 만들었어. 분수로는 이자를 계산하기 힘들었기 때문에 십진법을 이용해서 근사값을 만들어 낸 거지. 예를 들어 $\frac{1}{11}$은 $\frac{9}{100}$, $\frac{1}{12}$는 $\frac{8}{100}$처럼."

대성이는 귀를 쫑긋 세워 미라의 설명을 들었다. 소수를 알아야만 윤이를 구할 수 있다고 생각하니 놀라운 집중력이 생겼다. 미라가 설명을 계속했다.

"스테빈의 생각을 좀 더 체계적으로 연결해 보면, 분수와 소수의 관계를 쉽게 알 수 있어. 예를 들어 볼게. 분모가 10인 분수를 소수로 나타내면 $\frac{1}{10}$은 0.1, $\frac{2}{10}$는 0.2가 되지. 그러면 $\frac{3}{10}$은 소수로 어떻게 나타낼까?"

"$\frac{1}{10}$은 0.1이고 $\frac{2}{10}$는 0.2니까 $\frac{3}{10}$은 0.3?"

"와, 제법인데! 그럼 $\frac{10}{10}$인 1은 소수로 뭘까?"

"음, 그건……."

대성이가 얼른 대답을 하지 못하고 머뭇거리자 미라는 주머니에서 사인펜을 꺼내 벽에 숫자를 쓰기 시작했다.

"알았다. 소수는 1보다 작은 수를 말하는 거구나!"

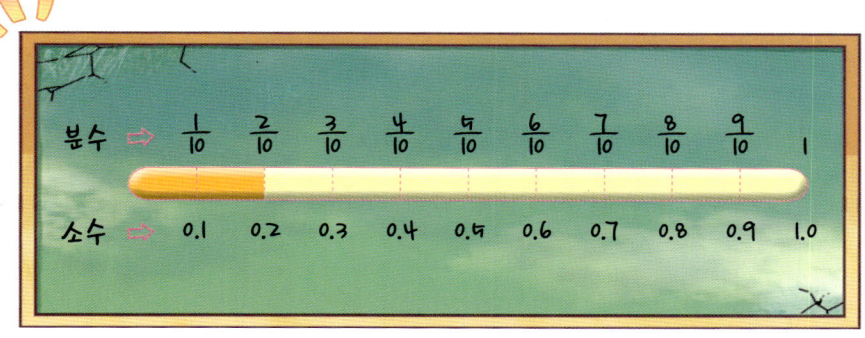

"땡! 틀렸어. 0.3처럼 1보다 작은 소수도 있지만 965.8처럼 1보다 훨씬 큰 소수도 있어. 자연수를 소수로 나타낼 때는 소수점을 쓰고 0을 붙이면 돼. 그러니까 한마디로 자연수 1을 소수로 나타내면 1.0이 되는 거지."

"아, 그렇구나. 그럼 자연수 2는 2.0이겠네?"

소수의 크기 비교

소수도 자연수처럼 십진법의 원리를 이용하기 때문에 소수의 크기를 비교하는 방법도 자연수의 크기를 비교하는 방법과 같아요. 소수점의 위치를 확인한 다음, 자연수 부분을 먼저 비교한답니다. 이때 자연수 부분이 같다면 소수 첫째 자리, 그 다음은 소수 둘째 자리의 수를 비교하지요. 아래 수직선을 살펴보면 0.32가 0.25보다 크다는 사실을 알 수 있어요.

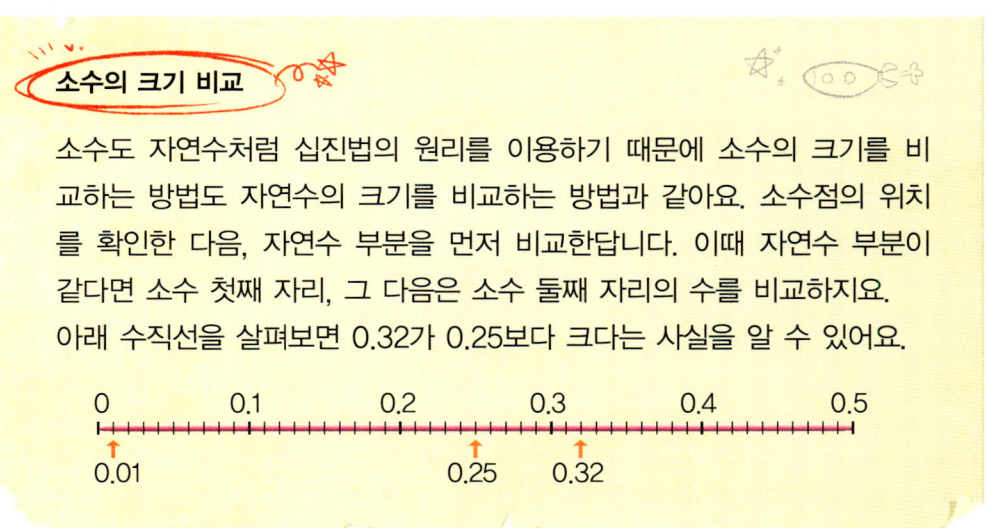

"딩동댕!"

"그럼 $\frac{27}{100}$을 소수로 바꾸면?"

"0.27!"

"정답이야. 어때, 생각보다 어렵지 않지? 이제 소수의 자릿값에 대해 가르쳐 줄게. 소수 62.379에서 6은 십의 자리 숫자로 60을 나타내. 2는 일의 자리 숫자로 2를 나타내지. 3은 0.1의 자리(소수 첫째 자리) 숫자로 0.3을, 7은 0.01의 자리(소수 둘째 자리) 숫자로 0.07을, 9는 0.001의 자리 (소수 셋째 자리) 숫자로 0.009를 나타내."

그때까지 잠자코 미라의 설명을 듣고만 있던 현도가 불쑥 끼어들었다.

"10이 1보다 10배 크다는 건 알고 있지? 소수도 비슷해. 0.1은 0.01보다 10배 커. 또 0.1은 1을 10등분한 것이고, 0.01은 0.1을 10등분한 거야. 그래서 0.1을 10개 더 하면 1이 되지."

"알 것 같기도 하고, 모를 것 같기도 하고……."

"으이구, 그럼 이렇게 생각해 봐."

현도는 바닥에 동그라미를 그렸다.

"이 동그라미를 피자라고 생각을 하고 10조각으로 나누는 거야."

"분수처럼 말이지? 그럼 한 조각은 $\frac{1}{10}$이 되잖아."

"맞아, 소수로 치면 0.1이지. 0.1짜리 조각이 10개가 모여서 피자 한 판, 그러니까 1이 되는 거지. 이제 이해가 되니?"

"아하! 이제 좀 알아듣겠군."

그러자 현도가 기다렸다는 듯이 질문을 던졌다.

"그럼 0.004의 100배는 몇일까?"

"0.004의 10배는 0.04고, 0.04의 10배는 0.4니까, 답은 0.4!"

"정답이야. 그럼 0.32의 $\frac{1}{10}$은 뭘까?"

"이건 반대로 생각하면 되니까, 답은 0.032!"

"와, 제법인데! 소수를 굉장히 빨리 익히는구나."

옆에서 보고 있던 미라가 대성이를 치켜세웠다.

"그게 뭐 자기 실력인가? 모두 이 선생님이 잘 가르친 덕이지."

현도가 우쭐대는 모습에 기분이 상한 대성이가 발끈하며 대꾸했다.

"쳇, 잘난 척하기는. 네가 굳이 도와주지 않았어도 소수쯤은 금방 익힐 수 있었다고!"

현도와 대성이가 막 한바탕 싸움을 일으키려는데, 수영이가 다급하게 외쳤다.

"큰일 났어요. 괴물들이 이쪽으로 오고 있어요!"

"뭐? 아직 가르칠 게 더 남았는데!"

미라의 얼굴이 새파래졌다.

"수영이와 내가 가서 괴물들을 따돌릴게. 그동안 누나는 대성이에게 소수의 덧셈과 뺄셈을 가르쳐 줘."

현도는 이렇게 말을 한 뒤 수영이와 함께 괴물들에게로 달려갔다. 그러자 미라는 서둘러 벽에 수식을 썼다.

"자릿수만 잘 맞추면 별로 어렵지 않아."

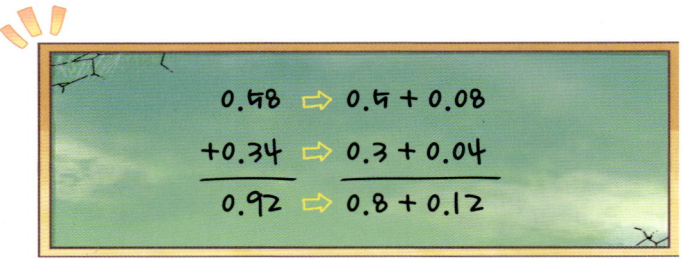

"그렇다면 자연수의 덧셈이랑 다를 바 없겠네."

"맞아. 하지만 '0.272+4.35'처럼 자릿수가 다른 소수를 서로 더할 때는 특히 더 조심해야 해. 이제 문에 적힌 문제를 풀 수 있겠니?"

대성이는 고개를 끄덕이며 문 쪽을 쳐다보았다. '3.14+25.7=?'이라는 문제가 보였다. 대성이는 얼른 쭈그리고 앉아서 손가락으로 땅바닥에 문제를 쓰고 답을 구하기 시작했다. 저만치에서 현도와 수영이가 뛰어오는 모습이 보였다. 두 사람 뒤로 엄청나게 많은 괴물들이 몰려오고 있었다.

"대성아, 어서 문제를 풀어. 괴물들이 이쪽으로 오고 있어!"

미라가 대성이를 재촉했다.

'소수점 윗자리인 3과 25를 더하면 28이고, 소수점 아랫자리인 0.14와 0.7을 더하면 0.84야. 그렇다면 28과 0.84를 더했을 때의 정답은 28.84!'

"답은 28.84야!"

철커덕.

빗장이 풀리는 소리와 함께 문이 열렸다. 미라는 기뻐서 방방 뛰었다. 대성이는 있는 힘을 다해 문을 열고 안으로 들어갔다. 그러나 그곳에는 윤이가 없었다. 좁다란 통로만 보일 뿐이었다. 대성이는 몹시 실망했다.

"어서 들어가자."

미라가 머뭇거리는 대성이를 끌고 문 안으로 들어갔다. 현도와 수영이까지 문 안으로 뛰어 들어오자 대원들은 힘을 합쳐 철문을 닫았다. 차마 들어오지 못한 괴물들이 문을 긁으며 으르렁거렸다.

대원들은 좁은 통로를 따라 걸어가면서 혹시나 이곳에 갇혀 있을지 모를 윤이를 찾았다. 묵묵히 길을 걷던 수영이가 현도의 귀에 대고 속삭였다.

"근데 형, 왜 대성이 형이 리더예요? 분수와 소수도 모르잖아요. 차라리 현도 형이 리더라면 훨씬 더 잘 해낼 수 있을 것 같은데……."

현도가 수영이의 어깨를 토닥이며 대답했다.

"솔직히 대성이가 수학을 잘 못하긴 하지. 하지만 리더에게는 수학 실력만 필요한 게 아니야."

처음에는 현도도 대성이가 리더인 것을 받아들이지 못했다. 그러나 함께 전투를 치르면서 대성이가 그 누구보다 전투력이 뛰어나다는 사실을 깨달았던 것이다.

"저 녀석 말이야, 전투력 하나는 끝내 주거든. 거기다 집중력과 승부욕도 강해서 수학 실력도 금세 늘 거야."

그러나 수영이는 여전히 이해할 수 없다는 표정을 짓고 있었다.

"얘들아, 이것 좀 봐!"

앞장서서 걸어가던 미라가 작은 철문을 발견했다. 자세히 들여다보니 철문에도 문제가 적혀 있었다. 소수의 뺄셈 문제였다.

5.52 − 4.37 = ?

"이것도 리더가 풀어야 하는 문제인 것 같아."

미라가 걱정스럽게 말했다. 그러자 대성이가 배시시 웃었다.

"걱정하지 마. 소수 계산쯤은 이제 식은 죽 먹기니까!"

대성이는 땅바닥에 세로 식을 적고 계산을 하기 시작했다.

'제일 뒷자리부터 계산하는 게 좋겠지. 2보다 7이 크니까 앞에 있는 5에서 1을 가져와서 12로 만든 다음 7을 빼면 5, 5에서 1을 뺀 4에서 3을 빼면 1, 소수점 윗자리인 5에서 4를 빼면 1. 답은 1.15야!'

대성이가 답을 외치자 문이 열렸다. 안에는 금빛 열쇠가 있었다. 대성이는 재빨리 열쇠를 집어 들었다.

"잘했어, 꼬맹이! 여기서 잠깐 쉬면서 소수의 곱셈에 대해 배워 보도록 하자."

미라에게 칭찬을 들은 대성이는 자신감이 불끈 솟아올랐다.

"빨리 가르쳐 줘. 어서 가서 윤이를 구해야 하니까."

소수의 곱셈에 대해 미라가 묻고 대성이가 대답을 했다.

"소수의 덧셈과 뺄셈, 그리고 곱셈은 자연수 계산법과 거의 비슷하구나. 소수점의 위치만 잘 맞추면 문제없을 것 같아."

"그렇다고 긴장을 풀어서는 안 돼. 방심하다가는 실수를 할 수도 있으니까."

대원들은 다시 길을 걸었다. 얼마 뒤 새로운 문이 나타났다. 문에는 예상대로 소수의 곱셈 문제가 적혀 있었다.

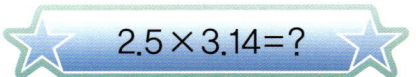

2.5×3.14=?

대성이는 암산으로 빠르게 문제를 풀고는 답을 외쳤다.

"78.5!"

그런데 이게 웬일인가! 문은 열리지 않고, 붉은빛이 번쩍거리면서 경고음이 울렸다.

"앗! 78.5가 아니라 7.85인데……. 이를 어쩌지?"

대성이는 뒤늦게 정답을 고쳐 말했지만 소용이 없었다. 대원들은 서둘러 다른 길을 찾기 위해 달렸다. 새로운 길에 들어서자마자 미라가 대성이에게 핀잔을 줬다.

"검산을 했어야지! 왜 그렇게 조심성이 없어?"

"마음이 급했단 말이야. 어서 윤이를 구해야 되잖아."

대성이의 변명을 들은 현도가 한마디 했다.

"넌 리더야, 리더! 그래 가지고 어디 윤이를 구할 수 있겠어?"

"시끄러워!"

대성이가 소리를 버럭 질렀다. 잔소리를 퍼붓는 미라와 현도에게 화가 난 것이 아니었다. 검산도 해 보지 않고 성급하게 답을 말한 자기 자신에게 화가 난 것이었다. 대성이는 두 주먹을 꽉 쥐고 잠시 몸을 부르르 떨다가 곧 풀이 죽은 목소리로 말했다.

"앞으로는 실수하지 않을게. 약속해."

손이 자유로워진 윤이는 제일 먼저 매스폰으로 강 박사에게 데르몬의 존재를 알렸다.

"윤이야, 아직도 매스레인저가 될 생각이 없는 거냐?"

강 박사가 물었다. 윤이는 선뜻 대답하지 못했다.

"그래, 지금 당장 대답하지 않아도 된다. 우선은 안전한 곳을 찾아서 몸을 숨기도록 해라. 위험한 순간에는 매스빔을 사용하고."

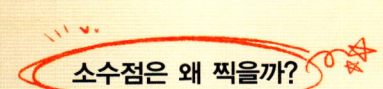

소수점은 왜 찍을까?

소수는 자연수 부분과 1보다 작은 부분을 구분하는 중요한 역할을 합니다. 소수점은 1617년 영국의 수학자 네이피어가 처음 사용하기 시작했어요.

"네, 박사님."

통화를 끝낸 뒤 윤이는 머리에 씌워져 있던 헬멧을 벗어 던졌다. 초능력을 자유자재로 쓸 수 있게 되자, 다리를 묶고 있던 사슬쯤은 쉽게 풀어 낼 수 있었다.

윤이는 조심스럽게 발을 내딛었다. 윤이가 움직이자 벽에 매스레인저의 모습을 비추던 눈알 괴물이 영상을 끄고 눈을 끔뻑였다. 마침내 상황을 눈치 챈 눈알 괴물이 박쥐 날개를 파닥이며 날아올랐다. 그러자 윤이는 초능력을 써서 괴물이 움직이지 못하도록 했다. 눈알 괴물은 빠져나가기 위해 안간힘을 썼다. 윤이는 눈알 괴물의 뒤통수에 숫자가 적혀 있는 것을 보았다.

$$2.15 \div 2 = ?$$

소수 나눗셈 문제였다.

"1.075!"

하지만 윤이는 매스빔을 쏠 수 없었다. 매스빔을 쏴야 괴물을 물리칠 수 있다는 사실을 잘 알고 있었지만 평범하게 살고 싶은 윤이는 가능하면 매스빔을 사용하고 싶지 않았다.

'매스레인저가 되고 싶지 않아. 난 평범하게 살 거니까.'

윤이는 자신이 평범하지 않다는 사실 때문에 갑자기 분노가 치밀었다. 그 순간 윤이의 머리카락이 살아 있는 것처럼 꿈틀거리기 시작하더니 보랏빛 광채가 온몸을 둘러쌌다. 그러자 눈알 괴물이 요란한 소리를 내며 벽에 부딪쳤다. 윤이는 괴물이 기절한 것을 확인하고는 곧장 문 쪽으로 향했다.

창고 밖에는 괴상하게 생긴 괴물 두 마리가 보초를 서고 있었다. 두 마리 다 소수 괴물이었다. 윤이를 발견한 소수 괴물이 거대한 팔을 쭉 뻗어 휘둘렀다. 윤이는 잽싸게 공격을 피한 뒤 두 괴물의 뒤통수에 적

힌 숫자를 확인했다. 한 괴물의 뒤통수에는 '124.8÷8'이, 다른 한 괴물의 뒤통수에는 '1.248÷8'이 적혀 있었다.

'124.8은 1248× $\frac{1}{10}$, 1248을 8로 나누면 156. 여기에 $\frac{1}{10}$을 곱하면 첫 번째 녀석의 답은 15.6이야. 두 번째 녀석은 156에 $\frac{1}{1000}$을 곱해야 하니까 답은 0.156!'

괴물들이 또다시 윤이에게 묵직하고 긴 팔을 휘둘렀다. 놀란 윤이는 얼떨결에 매스폰을 꺼내 15.6과 0.156을 입력하곤 매스빔을 쐈다.

소수 괴물들은 매스빔을 맞고 힘없이 사라졌다. 윤이의 머리카락은 점점 더 짙은 보라색으로 변해 갔다. 매스폰이 수학 초능력을 더 강하게 만드는 것이었다.

안전한 곳을 찾아 매스레인저를 기다려야겠다는 생각에 자리를 뜨려는 순간, 개구리처럼 생긴 거대한 괴물이 윤이 앞을 가로막았다.

"조윤이! 내가 순순히 보내 줄 것 같으냐?"

고개를 들어 위쪽을 쳐다보니 2층 난간 위에 데르몬이 서 있었다.

"내가 그 알록달록한 꼬맹이들을 친히 해치우러 갈 거라고 착각한 모양이군. 널 인질로 삼아서 녀석들을 이곳으로 유인하기만 하면 되는데 뭐 하러 고생을 해."

괴물들의 붉은 눈이 어둠 속에서 윤이를 쏘아보고 있었다. 윤이는 전투 자세를 갖추었다. 데르몬이 가소롭다는 듯이 말했다.

"포기하시지. 너의 수학 실력이 아무리 뛰어나도 저 괴물들을 모두

쓰러뜨리지는 못할걸?"

드디어 어둠 속에 숨어 있던 괴물들이 흉측한 모습을 드러냈다. 가분수 괴물, 진분수 괴물, 대분수 괴물, 소수 괴물 등 종류도 각양각색이었다. 윤이는 엄청난 괴물의 수에 놀라 저도 모르게 뒷걸음질을 쳤다.

윤이가 괴물들에 맞서고 있을 때 매스레인저는 다른 길을 찾아 달리고 있었다. 얼마 안 가 커다란 문 앞에 도착했다. 이번에는 한 무리의 소수 괴물들이 문을 지키고 있었다.

"윤이를 구하려면 반드시 저 문을 통과해야 돼!"

대성이는 자신 있게 말했지만 힘든 전투가 될 것이란 느낌을 지울 수 없었다.

"자, 긴장하지 말고 잘해 보자고. 파이팅!"

현도가 힘차게 파이팅을 외치자 대원들은 각자 역할을 나누어 전투 치를 준비를 마쳤다. 아직 나눗셈에 서툰 대성이는 주로 덧셈과 뺄셈, 곱셈 괴물들을 맡기로 했다.

대성이가 덧셈 괴물과 한창 싸우고 있는데, 몸에 '12.04÷7'이라는 나눗셈 문제가 새겨진 소수 괴물이 나타났다. 그러자 당황한 대성이를 돕기 위해 미라가 끼어들었다.

"12.04를 7로 나누면? 12를 7로 나누면 몫이 1이고 나머지가 5, 소수점 아래로 가서 50을 다시 7로 나누면 몫이 7이고 나머지가 1, 마지막으로 14를 7로 나누면 몫이 2로 똑떨어지니까 정답은 1.72!"

미라는 재빨리 답을 입력하고 괴물에게 매스빔을 쏘았다. 매스빔을 맞은 괴물은 힘을 잃고 비실비실하더니 이내 펑 소리를 내며 사라졌다.

"후유, 살았다. 고마워, 매스핑크."

대성이는 미라가 너무 멋져 보였다. 자신도 미라처럼 멋지게 소수 나눗셈 괴물을 물리치고 싶다는 생각이 간절했다. 때마침 적당한 거리에 '35.4÷5'라고 적힌 괴물이 보였다.

"35를 5로 나누면 7이고, 40 나누기 5는 8이니까 정답은 7.8!"

대성이는 의기양양하게 소수 나눗셈 괴물의 머리를 향해 매스빔을 쏘았다. 그러나 이상하게도 괴물이 점점 더 커졌다.

"7.08!"

현도가 잽싸게 나타나서 대성이 대신 소수 나눗셈 괴물을 물리쳤다.

"이런 바보. 0의 자리를 생각해야지!"

"아차, 4를 40으로 계산할 때는 앞에 반드시 0을 적어 줘야 하는 걸 깜빡했네!"

대성이는 계속해서 소수 나눗셈 괴물을 노렸지만 번번이 실패했다. 반면 현도와 미라, 수영이는 눈부신 암산 실력을 발휘하며 괴물을 거침없이 쓰러뜨렸다. 그러나 그들은 몸놀림이 빠르지 않다는 단점을 가지고 있었다. 특히 나이가 어린 수영이는 체력이 약해서 금방이라도 쓰러질 듯 힘들어했다.

대성이는 가쁜 숨을 몰아쉬는 수영이를 안타까운 눈빛으로 바라봤다. 대성이의 머릿속에 퍼뜩 좋은 생각이 떠올랐다.

'좋아, 수영이와 힘을 합치자.'

대성이는 쏜살같이 달려가 수영이를 둘러업었다.

"매스레드, 왜 이래요?"

"우리 서로 돕자. 네가 문제를 풀고 나는 달려서 쏘고!"

대성이의 작전은 큰 성공을 거두었다. 수영이가 빠르고 정확하게 답

을 구하면, 대성이는 누구보다 날쌘 몸놀림으로 괴물을 쏘아 맞혔다.

둘은 엄청난 속도로 괴물들을 쓰러뜨리며 앞으로 나아갔다. 마침내 괴물을 전부 물리치고 새로운 문 앞에 섰다. 이번에도 어김없이 문제가 적혀 있었다.

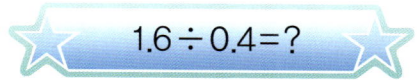

$1.6 \div 0.4 = ?$

"소수끼리 나눗셈을 하라고? 세로 식으로 계산해 보자."

하지만 세로 식으로는 도저히 풀 수가 없었다. 대성이는 머리를 쥐어

뜯으며 골똘히 생각했다. 문득 소수와 분수는 한 형제라고 했던 말이 떠올랐다.

"맞아, 소수를 분수로 바꾸어 계산하는 방법이 있었지!"

$$1.6 \div 0.4 = \frac{16}{10} \div \frac{4}{10} = ?$$

분수로 써 놓으니 계산이 무척 쉬워졌다. 분수의 나눗셈은 이미 익혀 두었기 때문이다. 분수의 나눗셈은 뒤의 수를 역수로 만든 후 곱하기로 바꾸어 계산하면 답을 구할 수 있었다.

$$1.6 \div 0.4 = \frac{16}{10} \div \frac{4}{10} = \frac{16}{10} \times \frac{10}{4} = 4$$

"답은 4!"

대성이는 자신 있게 정답을 외쳤다. 그러자 철커덕 문이 열렸다. 문 안에는 교실 크기만한 공간이 있었는데, 제일 안쪽에 또 다른 문이 있었다. 안쪽 문에는 문제가 적혀 있지 않고 대신 열쇠 구멍이 있었다.

대성이는 문득 좀 전에 발견한 금빛 열쇠가 떠올랐다.

'이 열쇠로 문을 열고 들어가면 저 문 뒤에 윤이가 있겠지?'

대성이는 열쇠를 들고 앞으로 나아갔다.

"대성아, 문이 움직이고 있어!"

사실이었다. 문이 꿈틀대더니 이내 팔과 다리가 불쑥 나왔다. 팔과 다리에는 소수 문제가 적혀 있었다. 문은 매스레인저의 덩치보다 2배 정도 높고 넓었다. 그런데 다리는 매우 짧았고, 팔은 땅에 닿을 정도로 길었다.

'열쇠를 사용하려면 문이 못 움직이도록 해야 할 것 같은데……. 그렇지! 저렇게 다리가 짧다면 달리기를 잘 못할 거야.'

대성이가 손으로 무릎을 탁 치더니 갑자기 달리기 시작했다. 그리고 매스블루, 매스실버, 매스옐로를 향해 외쳤다.

"내가 녀석들이 움직이지 못하도록 막을 테니까 너희는 팔과 다리에 적힌 소수 문제를 풀어!"

"알았어!"

대성이의 예상대로 문은 다리가 짧아서 빨리 움직이지 못했다. 대신 양팔을 사정없이 휘두르며 대성이에게 공격을 퍼부었다.

"매스이글!"

대성이는 매스이글을 던졌다. 매스이글은 커다란 원을 그리며 문 괴물의 팔을 공격했다. 대성이는 되돌아온 매스이글을 방패로 삼아 몸을 가린 뒤 문 괴물을 향해 달려들었다. 대성이와 문 괴물이 정면으로 부딪쳤다.

"지금이야!"

매스블루 현도가 외쳤다. 현도는 오른팔에 적힌 문제를, 미라는 왼팔에 적힌 문제를, 수영이는 양다리에 적힌 문제를 풀기 시작했다.

이야아아압!

오른팔에 적힌 문제는 '2.45+2.36'이라는 소수 덧셈이었다. 현도는 단박에 '4.81'이라는 답을 구하곤 매스빔을 쏘았다. 괴물의 오른팔이 망가졌다.

왼팔에는 '3.2-1.36'이라는 소수 뺄셈

문제가 적혀 있었다. 미라도 '1.84'라고 정답을 외치고는 매스빔을 쏘았다. 금세 왼팔도 망가져 버렸다.

수영이가 괴물의 양쪽 다리에 있는 문제를 확인했다. 왼쪽 다리에는 '6.72+'라고만 적혀 있고, 오른쪽 다리에는 '36.8÷1.6'이라고 적혀 있었다. '6.72+36.8÷1.6'의 답을 구하라는 것 같았다.

"매스옐로, 서둘러! 오래 끌면 매스레드가 위험해져."

미라가 다그쳤다. 수영이는 긴장한 탓에 머릿속이 하얘졌다. 초조해서 눈물이 날 지경이었다.

"괜찮아. 긴장하지 말고 천천히 해. 넌 할 수 있어."

대성이는 온몸으로 문 괴물과 싸우면서도 수영이를 격려했다. 만약 대성이가 용기를 북돋워 주지 않았다면, 수영이는 문제 풀이를 포기해 버렸을지도 모를 일이었다.

'침착하자. 덧셈과 나눗셈이 섞여 있을 때는 나눗셈부터 풀어야 해.'

수영이는 먼저 소수를 분수로 바꾸고 나눗셈부터 계산했다. 그 결과 23이라는 자연수가 나왔다. 이제 이 수를 6.72와 더해 주기만 하면 문 괴물을 물리칠 수 있었다.

"29.72! 답은 29.72예요."

수영이가 답을 입력하며 매스빔을 쏘았다. 이윽고 문 괴물의 두 다리도 산산조각이 났다.

"난 네가 해낼 줄 알았어, 매스옐로!"

대성이가 벌떡 일어서서 머리를 쓰다듬자 수영이는 멋쩍게 웃었다.

"형, 이제 열쇠를 넣어 봐야죠."

윤이는 온힘을 다해 괴물을 상대하고 있었다. 초능력과 수학 실력을

최대한 활용하면서 싸웠지만 괴물의 숫자는 좀처럼 줄어들지 않았다.

"아무리 발버둥쳐도 소용없다. 너와 너의 수학 에너지를 시바 님께 바칠 것이다. 흐흐흐흐……."

윤이는 데르몬의 음흉한 웃음에도 아랑곳하지 않고 분수 괴물과 소수 괴물을 향해 부지런히 매스빔을 쏘았다. 하지만 매스빔을 맞고 사라진 괴물의 자리는 곧바로 다른 괴물들로 채워졌다.

'역시 수학 에너지로 가득 찬 계집애군. 저 정도의 에너지라면 시바 님을 깨우는 데 큰 역할을 할 거야. 그러면 가네샤 님은 물론이고 칼리 여신님도 나의 능력을 인정해 주겠지.'

"으악, 징그러워. 저리 가!"

지네처럼 생긴 소수 괴물을 보고 윤이가 소리를 질렀다. 지네 괴물의 머리에는 '1.24+1.53×2'라고 적혀 있었다.

"곱셈을 먼저 계산해야 해. 그럼 1.53 곱하기 2는 3.06이고, 여기에 1.24를 더하면 4.3!"

지네 괴물 역시 매스빔을 맞고 사라졌다. 그러나 아무리 수학 실력이 뛰어난 윤이라도 혼자 힘으로 수많은 괴물들을 상대하기에는 벅찼다.

"악신의 그림자들이여! 위대한 시바 신의 후예인 가네샤 님의 힘을 물려받은 나 데르몬의 명령을 들어라! 저 아이에게 악신의 위대한 힘을 보여 주어라!"

데르몬이 외치자 윤이를 둘러싸고 있던 괴물들의 팔과 다리가 한데 엉키기 시작했다. 분수는 분수 괴물대로 소수는 소수 괴물대로 합쳐져서 새로운 괴물이 만들어졌다. 분수 괴물의 얼굴과 양팔에는 각각 다른 숫자가 적혀 있었다. 지네처럼 생긴 소수 괴물은 꼬리에 문제가 적혀 있었다.

소수 괴물이 윤이를 향해 꼬리를 날렸다. 순간 꼬리에 '$0.24 \div 0.6$'이라는 문제가 적혀 있는 것이 보였다. 윤이가 매스빔에 정답 0.4를 입력하려고 하자 소수 괴물의 꼬리가 빠른 속도로 날아왔다. 윤이는 두 눈을 질끈 감았다.

캉!

난데없이 금속이 맞부딪치는 소리가 들렸다. 윤이는 슬그머니 눈을 떴다. 붉은색 전투복을 입은 남자아이가 각도기처럼 생긴 무기로 지네의 꼬리를 막고 서 있는 모습이 보였다.

"늦지 않아서 다행이야!"

"너는……."

소수의 사칙연산

1. 소수의 덧셈

소수의 덧셈과 자연수의 덧셈은 소수점을 찍는 것 이외에는 모든 것이 같아요. 자연수 부분이 있을 때도 마찬가지로 자릿수를 맞춰서 더해 주면 됩니다.

```
   0.272                0.272                0.272
 + 4.35     ...        +4.35      ...       +4.35
 --------              -------              -------
                        4.622                4.622
```

자릿수를 맞춰 쓴다.   받아올림을 하여 자릿수에 맞게 쓴다.   소수점을 찍는다.

2. 소수의 뺄셈

소수의 뺄셈도 소수의 덧셈처럼 자연수의 원리와 똑같아요. '0.5 − 0.2'에서 0.5는 0.1이 5개, 0.2는 0.1이 2개이므로 0.5에서 0.2를 빼면 0.1이 3개, 즉 0.3이 되지요. 자연수가 있을 때도 똑같이 자릿수를 맞춰서 빼 주면 됩니다.

```
  0.5   →  0.1이  5
− 0.2   →  0.1이  2
 -----    ----------
  0.3      0.1이  3
```

```
   5.52                 5.52                 5.52
 − 4.37     ...        −4.37      ...       −4.37
 --------              -------              -------
                        1.15                 1.15
```

자릿수를 맞춰 쓴다.   받아내림을 하여 자릿수에 맞게 쓴다.   소수점을 찍는다.

3) 소수의 곱셈

4×8=32예요. 이것을 이용해서 자연수와 소수의 곱셈을 분수로 나타내면 아래와 같습니다.

$$4 \times 0.8 = 4 \times \frac{8}{10} = \frac{32}{10} = 3.2 \qquad 4 \times 0.08 = 4 \times \frac{8}{100} = \frac{32}{100} = 0.32$$

소수와 소수의 곱셈은 아래와 같이 계산합니다.

$$0.4 \times 0.8 = \frac{4}{10} \times \frac{8}{10} = \frac{32}{100} = 0.32$$

4) 소수의 나눗셈

1248÷8=156이죠? 이것을 이용하여 소수의 나눗셈을 분수로 나타내면 아래와 같습니다.

$$12.48 \div 8 = \frac{1248}{100} \div 8 = \frac{1248 \div 8}{100} = \frac{156}{100} = 1.56$$

세로 셈은 아래와 같이 합니다.

$$\begin{array}{r} \\ 8 \overline{) 12.48} \end{array} \qquad \begin{array}{r} 1 \\ 8 \overline{) 12.48} \\ 8 \\ \hline 4 \end{array} \qquad \begin{array}{r} 1. \\ 8 \overline{) 12.48} \\ 8 \\ \hline 44 \end{array} \qquad \begin{array}{r} 1.5 \\ 8 \overline{) 12.48} \\ 8 \\ \hline 44 \\ 40 \\ \hline 4 \end{array} \qquad \begin{array}{r} 1.56 \\ 8 \overline{) 12.48} \\ 8 \\ \hline 44 \\ 40 \\ \hline 48 \\ 48 \\ \hline 0 \end{array}$$

소수점을 올리고, 소수 첫째자리 수를 내린다.

자연수의 나눗셈과 같다.

 퀴즈?퀴즈!

1. 아래의 빈 칸을 채워 보세요.

   10의 자리 숫자가 7
   1의 자리 숫자가 0
   0.1의 자리 숫자가 8 ─ 인 수는 ☐ 입니다.
   0.01의 자리 숫자가 9
   0.001의 자리 숫자가 4

   • 0.089의 1000배는 ☐ 입니다.   • 82.4의 $\frac{1}{100}$은 ☐ 입니다.

2. 다음 분수를 소수로 나타내어 봅시다.

   $\frac{1}{9}, \frac{2}{9}, \frac{3}{9}, \frac{4}{9}, \frac{5}{9}, \frac{6}{9}, \frac{7}{9}, \frac{8}{9}$

3. 오른쪽과 같이 가로와 세로가 각각 10칸인 모눈종이에 35칸이 색칠되어 있습니다. 이를 분수로 나타내면 100칸 중 35칸이므로 $\frac{35}{100}$ 입니다. 그렇다면 이것을 소수로 바꾸고 어떻게 읽는지 써 보세요.

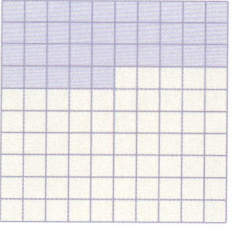

답

1. 70.894 / 89 / 0.824

2. $\frac{1}{9}$ = 0.111······ / $\frac{2}{9}$ = 0.222······ / $\frac{3}{9}$ = 0.333······ / $\frac{4}{9}$ = 0.444······
   $\frac{5}{9}$ = 0.555······ / $\frac{6}{9}$ = 0.666······ / $\frac{7}{9}$ = 0.777······ / $\frac{8}{9}$ = 0.888······

3. 0.35, 영점삼오

완전정복 9단계 종합 편 I 생활 속의 소수 (1~6학년)

9화

매스바이올렛의 탄생

"조심해!"

지네 괴물이 대성이에게 달려들었다. 그러나 대성이는 조금도 당황하지 않고 매스폰에 '0.4'를 입력한 후 매스빔을 발사했다. 지네의 꼬리가 사라지고 몸통만 남았다. 몸통에는 아무 숫자도 적혀 있지 않았다. 잠시 고민하던 대성이는 '0.6'을 입력하고 매스빔을 쏘았다. 그러자 지네의 몸통도 사라졌다.

"성공! 역시 내 예상이 맞았어. 더하면 1이 되는 숫자가 힌트야."

대성이는 문제를 맞혀 신이 나는지 방방 뛰면서 괴물들 사이를 누비고 다녔다. 이번에는 몸에 $\frac{4}{3}$가 적힌 분수 괴물이 나타났다. 대성이는 재빠르게 역수인 $\times \frac{3}{4}$을 입력하고 매스빔을 발사했다. 괴물의 몸은 약분이 되어 산산조각 났다.

대성이의 눈부신 활약을 지켜보던 윤이는 저도 모르게 손뼉을 쳤다.

대성이는 괴물들을 모조리 해치우고 윤이에게 다가가 손을 내밀었다.

"다친 데는 없어?"

"응, 대성아."

"어, 어떻게 내가 대성인 줄 알았어? 아무튼 네가 무사해서 다행이야."

윤이는 아무 말도 하지 않고 빙그레 웃기만 했다. 곧이어 다른 매스레인저들이 도착해 저마다 한마디씩 잔소리를 해 댔다.

"매스레드, 그렇게 혼자 뛰어들면 어떻게 해!"

더해서 10이 되는 숫자!

"맞아. 어떤 위험이 도사리고 있을지도 모르는데 말이야."

"어휴, 용감한 건지 무식한 건지……. 그런데 윤이야 괜찮니?"

그때 검은색 망토를 두르고 가면을 쓴 데르몬이 다가왔다.

"앗, 저놈은 수학 테마파크에서 봤던 놈이잖아!"

현도가 외쳤다.

"나를 기억하는군. 암, 당연히 기억해야지. 내가 바로 마 기사 데르몬 님……."

"마 기사인지 김 기사인지는 내 알 바 아니다. 이 말라깽이야!"

대성이가 말을 자르자 데르몬의 얼굴이 붉으락푸르락해졌다.

"요 녀석들, 뜨거운 맛을 보여 주겠다. 지옥으로 보내 주지!"

"매스레인저, 응답하라! 응답하라!"

통신 시스템이 복구되자 강 박사가 다급하게 매스레인저를 호출했다. 그러나 데르몬이 내뿜는 강력한 악의 기운이 전파를 방해하는 바람에 아무런 대답을 들을 수 없었다.

"박사님, 큰일 났어요! 데르몬이라는 마인이 괴물들을 불러 냈어요. 그런데 그 수가 엄청나요!"

강 박사가 보내는 신호를 겨우 잡아 낸 현도가 침착한 목소리로 상황을 전했다.

"두려워할 필요 없다. 모두 지금까지 풀어 보았던 간단한 문제들이야. 너희는 저 문제를 푸는 방법을 이미 알고 있다. 그러니까 침착하게 공격하면 돼."

"하지만 수가 너무 많아요!"

수영이가 겁먹은 목소리로 외쳤다. 매스위성을 통해 지친 아이들의 모습을 바라보는 강 박사는 마음이 아팠다. 하지만 이대로 싸움을 포기할 수는 없었다. 지금 가장 필요한 것은 강인한 정신력과 자신감이었다. 그래서 강 박사는 냉정하게 아이들을 다그쳤다.

"박사님, 잘 알겠어요. 까짓것, 한 번 해 보지요 뭐! 지켜봐 주세요."

대성이가 기세 좋게 일어서며 말했다. 대성이의 표정에는 두려움이 전혀 엿보이지 않았다.

"어떤 문제든 덤벼라, 이 매스레드가 산산조각을 내 주마. 이얍!"

대성이는 우렁차게 기합을 내지르면서 괴물들을 향해 달려 나갔다. 덧셈, 뺄셈 문제가 차례로 나왔다. 그러더니 곧이어 덧셈과 곱셈이 섞인 문제가 나오기 시작했다.

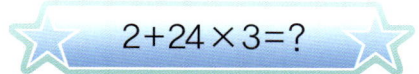

2+24×3=?

　"예전의 나라면 '2+24'부터 계산했겠지만 지금은 아니라고! '24×3'은 72, 여기에 2를 더하면 74!"

　괴물이 한 줌의 먼지로 변해 사라지자 머리에 '36÷6+12×3'이라는 문제가 적힌 괴물을 향해 다가갔다.

　"먼저 곱셈과 나눗셈부터 해야지. 36 나누기 6은 6이고, 12 곱하기 3은 36, 그리고 6과 36을 더하면 42!"

　이번에도 대성이는 간단하게 괴물을 해치웠다. 수영이는 지친 기색

한 번 보이지 않고 날렵하게 뛰어다니는 대성이를 존경스런 눈길로 바라보았다.

'이제야 현도 형이 대성이 형을 리더로 인정한 이유를 알 것 같아.'

이때 엿가락처럼 몸이 가느다란 괴물이 잽싸게 수영이 쪽으로 달려들었다. 몸에는 '6, 9, 12'라는 숫자가 적혀 있었다. 그러나 수영이는 대성이를 보느라 괴물이 접근하는 것을 눈치채지 못하고 있었다.

"매스옐로, 조심해! 최대공약수 괴물이야!"

대성이가 소리치며 수영이 앞으로 달려갔다.

"6의 약수는 1, 2, 3, 6이고 9의 약수는 1, 3, 9이고 12의 약수는 1, 2, 3, 4, 6, 12야. 그렇다면 최대공약수는 3!"

괴물은 대성이의 매스빔을 맞고 순식간에 사라졌다. 이어 몸이 공처럼 둥근 최소공배수 괴물이 나타났지만 대성이는 당황하지 않고 몸에 적힌 '6, 8, 12'를 유심히 보았다.

"6의 배수는 6, 12, 18, 24, 30, 36, 42, 48……. 8의 배수는 8, 16, 24, 32, 40, 48……. 12의 배수는 12, 24, 36, 48, 60……. 그렇다면 최소공배수는 24!"

최소공배수 괴물도 대성이가 쏜 매스빔을 맞고 사라졌다. 수영이는 대성이에게 고마움을 전한 뒤 곧바로 정신을 차리고 괴물들과 싸우기 시작했다. 다른 매스레인저들도 온 힘을 다해 괴물들과 전투를 벌였다. 오직 윤이만이 그 자리에 우두커니 서서 바라보고 있었다.

'저 애들은 도대체 무엇 때문에 저렇게 열심히 싸우는 걸까? 평범한 삶이 싫은 걸까?'

윤이는 몸을 사리지 않고 앞장서서 싸우는 매스레드에게 시선을 멈췄다.

'저 정도 수학 문제쯤은 누구나 다 풀 수 있어. 하지만 저런 용기는 아무나 가지고 있는 게 아니지. 대성이는 내가 가지지 못한 것을 가지고 있어.'

꽤 복잡해 보이는 분수 괴물 한 놈이 대성이 앞을 가로막았다. 덧셈, 곱셈, 나눗셈이 뒤섞인 놈이었다.

$$\frac{4}{5}\times\frac{1}{2}+\frac{1}{4}\div\frac{5}{8}+\frac{3}{4}=?$$

대성이는 눈을 반짝이며 계산에 몰두했다. 먼저 곱셈과 나눗셈을 한 뒤 덧셈으로 마무리했다.

"$\frac{4}{5}\times\frac{1}{2}=\frac{2}{5}$야. 또 $\frac{1}{4}\div\frac{5}{8}$은 $\frac{1}{4}\times\frac{8}{5}$로 바꾸어 계산하면 $\frac{2}{5}$지. 문제를 다시 $\frac{2}{5}+\frac{2}{5}+\frac{3}{4}$으로 정리할 수 있겠군. 셋을 더하기 위해서 통분을 하면 $\frac{8}{20}+\frac{8}{20}+\frac{15}{20}=\frac{8+8+15}{20}=\frac{31}{20}$! 답은 $1\frac{11}{20}$!"

괴물은 대성이가 쏜 매스빔을 맞고 사라졌다. 그러자 이번에는 대분수 괴물이 나타났다.

"헤헷, 이건 역수를 곱해서 처리하면 되는 대분수 괴물이네. $1\frac{3}{17}$은

$\frac{20}{17}$! 여기에다 역수인 $\frac{17}{20}$을 곱해 주면 1이 된다는 말씀이야!"

대성이는 간단하게 대분수 괴물을 처리했다.

"야, 잘하고 있냐? 내가 좀 도와줄까?"

신이 난 대성이가 짐짓 잘난 체를 하며 다른 대원들을 놀렸다. 이제 남은 것은 소수 괴물들뿐이었다.

$$8.35 - 2.5 \times 1.5 = ?$$

대성이는 소수를 계산하는 두 가지 방법을 떠올렸다. 그러고는 침착하게 곱셈부터 먼저 계산했다.

"2.5×1.5=37.5이니까 8.35에서 37.5를 빼면……. 어, 이상하네?"

대성이가 고개를 갸웃거리고 있는데 뒤에서 윤이가 외쳤다.

"자릿수가 틀렸잖아. 37.5가 아니라 3.75야!"

대성이의 얼굴이 새빨개졌다.

"헤헷, 실수야 실수……. 8.35에서 3.75를 빼면 4.6!"

윤이의 도움으로 위기에서 벗어난 대성이는 더욱 열심히 싸웠다. 매스레인저의 활약으로 북적거리던 괴물들이 모두 사라졌다.

"헉헉, 이제 다 끝난 거죠?"

기진맥진한 수영이가 가쁜 숨을 몰아쉬며 물었다. 미라도 반쯤 주저앉은 자세로 거칠게 숨을 내쉬었다. 현도 역시 지친 기색이 역력했지만, 긴장을 풀지 않은 채 데르몬을 노려보았다.

데르몬이 소름끼치게 웃었다.

"으흐흐흐, 너희가 내 충성스러운 부하들과 싸우는 동안 가네샤 님께서 신력을 충전해 주셨지. 이제 너희는 끝이다. 나와라! 거대 마수, 분소스!"

데르몬의 말이 끝나자마자 땅이 흔들리고 벽이 쩍쩍 갈라졌다. 그러더니 집채같이 거대한 괴물이 건물을 부수며 요란하게 등장했다.

괴물은 단단한 철갑을 온몸에 두르고 있었다. 또 한 손에는 성벽처럼 튼튼한 방패를, 다른 한 손에는 어마어마하게 큰 도끼를 들고 있었다. 조금 전까지 싸웠던 괴물들과는 비교도 안 될 정도로 무시무시한 괴물이었다.

"맙소사, 저 거대한 괴물을 어떻게 상대하죠?"

수영이가 공포에 질린 목소리로 말했다.

"걱정하지 마. 우리에겐 아라크가 있잖아."

대성이는 한쪽 눈을 찡긋하며 매스폰을 열고 샵 버튼을 눌렀다. 매스폰 화면에 '아라크 소환'이라는 메시지가 뜨더니 대성이 앞에 아라크가 용맹한 모습을 드러냈다. 대성이가 아라크에 올라타자 현도, 미라, 수

영이가 동시에 매스폰의 샵 버튼을 눌렀다.

"매스레드, 조심하세요. 저놈은 지금까지 만났던 괴물들과는 차원이 달라요."

알리미가 충고했다. 실제로 분소스 앞에 선 아라크는 커다란 북극곰을 올려다보고 있는 펭귄처럼 보였다.

"알고 있어, 걱정 마!"

대성이는 침착하게 분소스의 가슴에 적힌 문제를 읽었다.

$$1\frac{2}{3}+3\frac{3}{5}-\frac{4}{7}\div\frac{1}{7}$$

대분수와 진분수가 뒤섞인 사칙연산이었다. 대성이는 나눗셈부터 계산하기 시작했다.

"$\frac{4}{7}$ 나누기 $\frac{1}{7}$은 $\frac{4}{7}$ 곱하기 7로 바꾸어 계산하면 돼. 어라? 약분하면 4만 남잖아. 그 다음엔 대분수를 가분수로 바꾸고……."

대성이가 계산에 열중하고 있는데 거대 괴물 분소스가 아라크를 향해서 도끼를 휘둘렀다. 도끼는 다행히 아라크를 비껴갔다. 도끼가 땅을 내려찍을 때의 충격이 얼마나 컸던지 둘의 대결을 지켜보던 대원들이 모두 저멀리 튕겨 나갔다.

기세가 등등해진 분소스는 계속 도끼를 휘둘렀다. 허공을 가르는 도끼 소리가 태풍 소리처럼 무시무시하게 울렸다.

"매스레드, 빨리 계산해! 시간이 없어."

현도가 대성이를 재촉했다. 하지만 괴물의 공격을 피하느라 정신이 없는 대성이는 계산에 집중할 수 없었다. 그 모습을 안타깝게 바라보던 윤이가 매스폰을 들고 소리쳤다.

"대성아, 대분수를 굳이 가분수로 바꾸지 않아도 돼. 자연수는 자연수끼리, 분수는 분수끼리 더하면 더 빨리 계산할 수 있어."

대성이는 윤이가 알려준 방법을 써서 앞의 두 가분수를 더했다. 결과는 $5\frac{4}{15}$였다.

"이제 여기에서 4를 빼 주기만 하면 되겠구나. $5\frac{4}{15} - 4 = 1\frac{4}{15}$!"

아라크의 주먹에 불꽃이 맺혔다. 대성이는 주먹을 힘차게 내둘렀다. 주먹은 분소스의 무릎을 통쾌하게 후려쳤다.

"야호, 성공이다!"

매스레인저가 기쁨의 환호성을 올렸다. 윤이도 함께 기뻐했다. 그러나 한편으로는 머릿속이 복잡했다.

'내가 왜 대성이를 도왔을까?'

그때였다. 아라크의 주먹을 맞고 잠시 주춤했던 거대 괴물 분소스가 다시 일어나 움직이기 시작했다. 분소스의 얼굴에는 새로운 문제가 새겨져 있었다.

$$0.9 \times 1.4 + 1.5 \div 0.2$$

"뭐야, 끝난 게 아니었어?"

대성이는 잠시 당황했다. 그러자 강 박사는 매스폰을 통해 대성이를 격려했다.

"매스레드, 분수와 소수는 형제라고 한 것 기억하지? 그래서 이 거대 괴물이 분수와 소수의 성질을 함께 지니고 있는 거다. 침착하게 풀어 보렴."

대성이는 다시 한 번 정신을 집중했다.

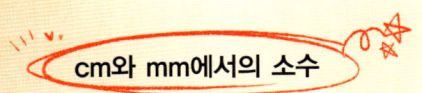

cm와 mm에서의 소수

1cm는 10mm예요. 따라서 1mm는 1cm를 10으로 똑같이 나눈 것 중의 1이므로 0.1cm라 할 수 있어요. 같은 원리로 4mm는 0.4cm라고 나타낼 수 있겠지요. 다른 단위에서도 마찬가지예요. 1m는 100cm이므로, 1cm=$\frac{1}{100}$m=0.01m입니다. 또 1km는 1000m이므로, 1m=$\frac{1}{1000}$km=0.001km랍니다.

"0.9 곱하기 1.4는 1.26이지. 1.5나누기 0.2는 분수로 바꾸면 $\frac{15}{10} \div \frac{2}{10}$ 이고, 이것을 다시 $\frac{15}{10} \times \frac{10}{2}$ 으로 바꾸면 7.5가 되는군. 마지막으로 1.26과 7.5을 더하면 8.76!"

아라크에 올라탄 대성이는 정답을 외치며 분소스를 향해 온몸을 날렸다. 하지만 공격은 통하지 않았다. 아라크는 축구공처럼 멀리 튕겨나갔다.

"매스레드, 괜찮아?"

미라가 걱정스러운 목소리로 물었다. 대성이는 신음을 내뱉으며 간신히 대답했다.

"끄응……. 난 괜찮아. 그런데 저 괴물은 왜 멀쩡한 거지? 내 답이 틀린 거야?"

수영이가 재빨리 검산을 했다. 검산을 두 번이나 해 보았지만 대성이가 계산한 것과 같은 답이 나왔다.

"맞는 답이에요, 근데 왜 효과가 없을까요?"

이때 강 박사가 매스폰으로 윤이를 불렀다.

"윤이야, 이제 네가 나설 차례다. 네가 도와주지 않으면 아라크는 힘을 반밖에 발휘하지 못한다."

"……."

윤이는 아무 말도 하지 않았다.

"친구들이 쓰러지는 것을 그냥 두고 보기만 할 셈이냐?"

강 박사가 다시 한 번 윤이를 다그쳤다.

"저 아이들은 내 친구가 아니에요!"

윤이는 일부러 냉정하게 대꾸했다. 하지만 실패할 것을 뻔히 알면서도 멈추지 않고 분소스를 향해 달려가는 대성의 모습을 보며 마음이 흔들렸다.

마침내 윤이는 결심한 듯 매스폰의 통화 버튼을 눌렀다. 그러자 윤이의 모습이 순식간에 보라색 매스레인저로 바뀌었다.

"어, 윤이가?"

현도가 윤이를 보며 외쳤다.

"매스바이올렛이다!"

수영이도 탄성을 질렀다.

"윤이야, 드디어 마음을 정했구나. 고맙다."

강 박사도 매우 기뻐했다. 윤이는 차분하고 냉정한 목소리로 대성이를 호출했다.

"매스레드, 일단 뒤로 물러서."

대성이는 윤이의 말대로 뒤로 물러섰다. 윤이가 곧 샵 버튼을 눌렀다. 그러자 강렬한 기운이 아라크와 그 안에 타고 있는 대성이한테로 전해졌다.

대성이는 온몸에 힘이 불끈불끈 솟아오르는 것을 느꼈다. 그뿐만이 아니었다. 아라크의 몸이 부풀어 오르더니 마침내 거대 괴물 분소스의

크기와 비슷해졌다.

"저것이 진정한 아라크의 모습이다. 매스레인저 다섯 명이 모두 모였을 때 비로소 완성되는 최종 모습이지."

강 박사가 설명했다. 모든 대원들은 감탄을 금치 못했다.

"좋아, 이번엔 반드시 결판을 짓고야 말겠어. 답은 $1\frac{4}{15}$! 그리고 8.76! 이얏!"

아라크의 주먹이 거대괴물 분소스의 방패를 뚫고 가슴에 꽂혔다. 몸통을 감싸고 있던 철갑이 산산조각나면서 분소스가 우르르 무너져 내리기 시작했다. 곧 펑 하는 소리와 함께 분소스가 먼지가 되어 흩어졌

다. 데르몬 역시 연기로 변신하여 허둥지둥 달아났다.

대성이가 윤이를 향해 엄지손가락을 치켜들었다. 윤이는 아무런 반응도 보이지 않았다. 하지만 대성이는 믿었다. 윤이도 마음속으로는 자신을 향해 엄지손가락을 치켜세우고 있을 것이라고!

다음날 하교 시간.

윤이는 창가에 앉아 밖을 내다보고 있었다. 대성이가 슬그머니 윤이 곁에 다가가 앉으며 말을 건넸다.

"윤이야, 뭐해? 오늘 급식에 나온 반찬 정말 맛있었지?"

"저리 가. 귀찮아."

"알았어. 딱 한마디만 하고 갈게. 윤이야, 매스레인저가 돼 줘서 정말 고마워. 우리가 무사한 건 다 네 덕이야."

윤이는 고개를 돌려 대성이를 마주봤다. 한결같이 밝고 긍정적인 친구에게 짜증을 부린 게 괜스레 미안해졌다.

"너는 화가 나지도 않니? 내가 좀 더 빨리 매스레인저가 되었다면 너희가……."

대성이가 윤이의 말을 자르고 불쑥 끼어들었다.

"괜찮아. 나, 너 이해해. 너도 여자애니까 그런 보라색 쫄쫄이를 입

고 싶지 않았겠지. 그런 건 미라 누나한테나 어울리는……."

퍽!

무언가 묵직한 것이 대성이의 뒤통수를 쳤다. 돌아보니 미라가 도끼눈을 뜨고 노려보고 있었다.

"으악, 왜 때려?"

윤이는 저도 모르게 웃음이 터졌다.

"뭐야, 웃으니까 너무 예쁘잖아. 그런데 그동안 왜

그렇게 무표정이었을까, 조윤이 양?"

미라는 농담을 건네면서 윤이의 머리를 살짝 쓰다듬었다. 윤이는 흠칫 놀라며 몸을 뺐다. 미라가 그런 윤이를 다정하게 안아 주며 조용히 속삭였다.

"놀라게 했다면 미안. 근데 너 정말 대단하더라. 그 징그러운 녀석한테 잡혔을 때도 어쩜 그리도 차분하게 문제를 풀 수가 있니?"

윤이의 예쁜 두 눈에서 왕구슬만한 눈물이 뚝 떨어졌다.

"어, 어, 미라 누나! 윤이를 울렸어."

대성이가 법석을 떨었다.

"쉿, 조용히 해!"

윤이가 눈물을 닦아 내며 대성이를 노려봤다. 윤이가 초능력을 가지고 있다는 사실을 알게 된 후부터는 엄마조차 윤이를 안아 주지 않았다. 그래서 미라의 품은 정말 오랜만에 사람의 따뜻한 기운을 느끼게 해 주었다.

"빨리 변신하지 않아서 미안해. 난 평범해지고 싶었어. 그래서……."

대성이는 윤이에게 무어라 말을 하려고 했지만 아무 말도 하지 못했다. 미라가 자신의 입술에 검지손가락을 갖다 대고 조용히 하라는 시늉

복명수와 단명수

복명수는 여러 개의 단위를 합쳐서 표시하는 명수를 말하고, 단명수는 하나의 단위로 표시하는 명수를 말해요. 복명수는 단명수로 바꾸어 쓸 수 있어요. 예를 들어 우리 발의 크기가 23cm 5mm(복명수)라면, 235mm(단명수)라고 바꾸어 쓸 수 있지요.

복명수를 단명수로 바꿀 때는 소수가 자주 쓰여요. 우리가 몸무게를 말할 때 33kg 500g이라고 하지 않고 33.5kg이라고 하잖아요. 주스를 살펴보면 1L 800ml가 아닌 1.8L라고 써 있지요? 또 마라톤의 총길이는 42km 195m인데, 보통 42.195km라고 하지요.

이처럼 복명수를 단명수로 나타낼 때는 소수가 꼭 필요하답니다.

을 했기 때문이었다. 미라는 윤이를 다시 한 번 꼭 안아 주었다.

"괜찮아, 윤이야. 평범하든 특별하든 그런 건 중요하지 않아. 우리에게 너는 그저 예쁘고 공부 잘하는 조윤이일 뿐이니까."

윤이는 결국 울음을 터뜨렸다. 슬퍼서가 아니었다. 그것은 기쁨의 눈물이었다.

"고마워, 모두……. 정말 너무 고마워."

윤이는 지금까지 한 번도 보여 준 적 없는 환한 미소를 짓고 있었다. 그 모습이 어찌나 예쁜지 대성이는 얼굴이 새빨개졌다.

미라가 손짓으로 현도와 수영이를 불렀다. 매스레인저 다섯이 처음으로 오순도순 모여 앉아 즐거운 이야기꽃을 피웠다.

"자, 다 모였으니까 소수에 대한 이야기를 해 볼까?"

현도가 강 박사 흉내를 내자 삽시간에 웃음바다가 되었다.

　강 박사는 운동장 한편에 있는 의자에 앉아서 커피를 마시고 있었다. 매스레인저가 모두 모인 것은 정말 다행이었다. 그런데 왠지 마음이 편치 않았다.

　'앞으로는 더욱 강력한 수학 괴물이 나타나겠지. 하지만 아이들이 힘을 모은다면 어떤 역경이라도 헤쳐 나갈 수 있을 거야. 매스레인저를 돕기 위해서는 수학 에너지에 대한 연구를 서둘러야 해.'

　강 박사가 비밀 기지로 가기 위해 자리에서 막 일어나려는데, 강 박사의 휴대전화가 울렸다.

　"강 박사! 난 엘 고튼일세."

　엘 고튼 박사는 매스레인저를 만드는 데 참여한 사람으로, 강 박사에 버금가는 천재 수학자였다. 미국 수학 연구소가 괴물의 습격을 받았을 때 사라진 그가 10개월 만에 연락을 한 것이다.

　"고튼, 그동안 왜 연락이 안 된 건가?"

　"자세히 얘기할 시간이 없네. 통화가 길어지면 악신들이 눈치를 챌 수도 있어. 강 박사, 내가 매스폰의 성능을 한층 높여 줄 수 있는 카드를 만들어 냈다네."

　"뭐라고?"

　"지금 비행기에 오르고 있으니 서울에서 만나세."

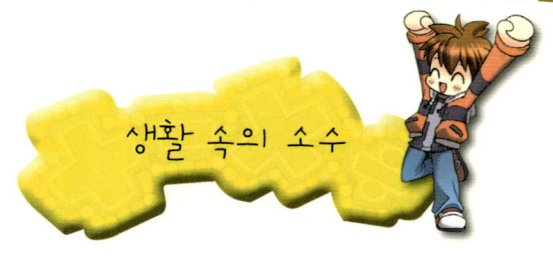

생활 속의 소수

1 소수 사이의 관계

소수 사이의 관계는 일의 자리, 십의 자리, 백의 자리, 천의 자리 사이의 관계와 같아요. 1을 10등분한 것 중 하나가 0.1이고, 0.1을 10등분한 것 중 하나가 0.01이며, 0.01을 10등분한 것 중 하나가 0.001이에요. 따라서 0.004의 100배는 0.4예요.

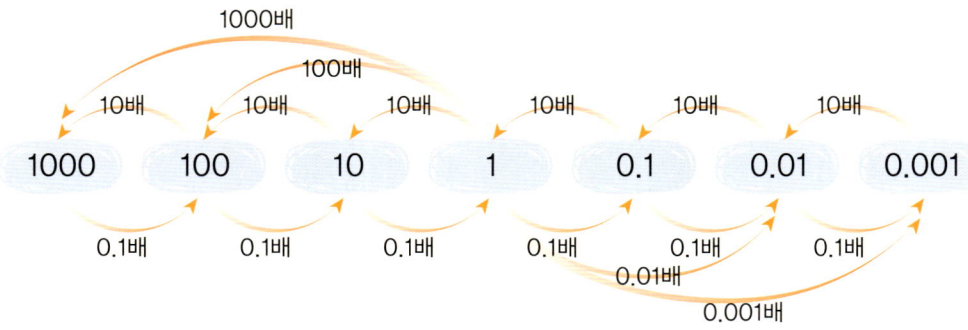

2 소수로 연속량 재기

연속량이 뭐냐고요? 사과는 '한 개, 두 개, 세 개'라고 셀 수 있지만, 물은 '한 개, 두 개, 세 개'라고 셀 수 없잖아요. 사과와 같이 셀 수 있는 것의 양을 '이산량'이라고 하고, 물과 같이 셀 수 없이 연속되는 것의 양을 '연속량'이라고 해요. 5.7L, 6.3L, 6.5L와 같이 연속량의 값을 나타낼 때 소수를 이용하면 아주 편리하답니다.

3) 적금통장의 이율과 소수

기준량을 100으로 할 때의 비율을 백분율이라고 해요. 백분율은 기호 %(퍼센트)를 써서 나타내죠. 65%를 65퍼센트라고 읽는데, 이때 기준량을 1로 바꾸면 소수로 나타낼 수 있어요. 즉, 65%는 소수 0.65로 나타낼 수 있어요.

백분율과 소수는 우리가 은행에서 예금을 할 때 자주 쓰여요. 여러분도 이율이 연 5.2%이니 연 6.4%이니 하는 얘기를 많이 들어 봤을 거예요. 이것은 우리가 저축하는 예금액에 대한 이자율을 말하지요.

만약 우리가 100만 원을 은행에 넣고 1년 동안 연 5.2%의 이자를 받는다면 아래와 같이 계산할 수 있어요.

$$1{,}000{,}000원 \times 0.052 \times 1년 = 52{,}000원$$

4) 분수와 소수 중 어느 것이 더 편리할까?

분수의 경우 덧셈과 뺄셈을 할 때 분모가 다르면 반드시 통분을 해야 합니다. 그러나 소수는 소수점의 위치만 잘 맞추면 자연수의 덧셈과 뺄셈처럼 쉽게 계산할 수 있지요. 그러므로 소수가 좀 더 편리합니다.

반대로 곱셈을 할 때는 분수가 약분을 할 수 있기 때문에 소수에 비해 간단하게 계산할 수 있답니다. 특히 나눗셈에서 소수의 나눗셈은 분수처럼 나누어떨어지지 않는 경우가 있으므로, 소수보다는 분수가 좀 더 편리하지요.

 **퀴즈?퀴즈!**

1. 우리가 집에서 매일 쓰는 냉장고, 세탁기, TV 같은 전자제품에도 곳곳에 수가 숨어 있답니다. 어디에 어떤 숫자들이 숨어 있는지 찾아보세요.

2. 우리가 일상생활에서 자주 사용하는 연속량에는 무엇이 있을까요?

3. 분수보다 소수가 편리한 때는 언제일까요? 반대로 소수보다 분수가 편리한 때는 언제일까요?

4. 동우와 민영이는 똑같이 아이스크림을 먹기 시작했습니다. 그런데 동우는 아이스크림의 0.5를 먹었고, 민영이는 아이스크림의 0.8을 먹었습니다. 누가 더 많이 먹었을까요?

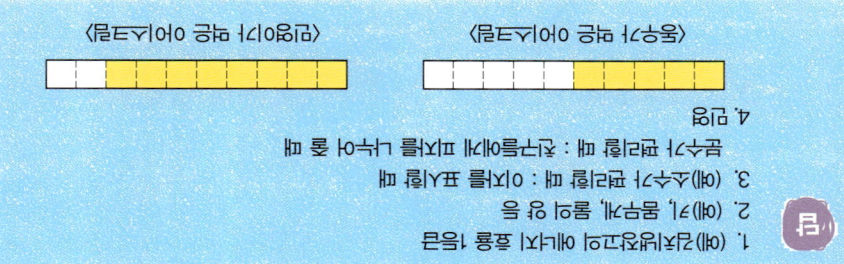

답
1. (예) 냉장고의 에너지 효율 등급 표시
2. (예) 키, 몸무게, 용량 등
3. (예) 소수가 편리할 때 : 이자율 표시할 때
   분수가 편리할 때 : 친구들에게 피자를 나누어 줄 때
4. 민영

완전정복 10단계 종합 편 II 수와 연산의 오류 (1~6학년)

10화

아처의 등장

방과 후, 비밀 기지에서는 수학 공부가 한창이었다. 강 박사를 대신해서 미라가 수업을 이끌고 있었다.

"대성이, 너 소수가 일상생활 속에서 쓰이는 거 알고 있어?"

"당연하지! 체중을 잴 때도 쓰이고, 키를 잴 때도 쓰이잖아. 그러고 보니 누나 몸무게가 35.5kg이라며? 어휴, 돼지."

미라의 주먹이 대성이의 정수리를 향해 날아왔다.

"형, 누나들, 백분율이 뭔지는 다 아시죠? %(퍼센트)라는 기호를 써서 100을 기준으로 나타내는 비율 말이에요."

이번에는 미라를 대신해서 수영이가 물었다.

"그럼! 백분율은 은행 이자를 표시할 때 주로 쓰이잖아. 100을 기준으로 한 75%는 1을 기준으로 하면 0.75가 되지. 그걸 모르는 사람이 어디 있냐?"

현도가 무덤덤하게 말하자 대성이가 받아쳤다.

"어, 그래? 난 몰랐는데."

"그러니까 분수, 소수 계산에서 자꾸 틀리는 거 아냐!"

"자, 그만! 윤이와 수영이는 오늘 처음 수업에 참여하는데 자꾸 다투는 모습 보여 줄래? 박사님이 안 계시다고 멋대로 굴면 나중에 다 이를 줄 알아."

미라가 깐깐한 선생님 흉내를 내자, 냉정한 윤이조차 피식 웃음을 터뜨리고 말았다.

원래 오늘 수학 수업은 강 박사가 참여해야 했다. 지금까지 배운 것을 확인하며 총복습하기로 되어 있었기 때문이다. 하지만 오늘 학교 수업이 끝나자마자 강 박사는 중요한 손님이 와서 공항에 가야 한다며 미라에게 수업 진행을 부탁했다.

미라는 아이들에게 핵심정리가 되어 있는 종이를 나누어 주었다. 종이에는 '수와 연산 완전 정복'이 단계별로 적혀 있었다.

"수 읽기? 덧셈? 뺄셈? 이제 이런 계산은 식은 죽 먹기야."

대성이가 뻔뻔한 얼굴로 말했다.

"지금까지 배운 것을 복습하는 의미로 대성이가 다음 문제들의 오류를 고쳐 보자. 대성아, '소수는 1보다 작은 수다.' 이게 맞니?"

"그야 0.1 같은 소수들은 1보다 작지만 35.5는 1보다 크니까 틀린 말 아니겠어? 누나 몸무게가 1kg보다 덜 나갈 리가 없잖아."

"요 녀석이!"

소수를 공부할 때 흔히 저지르는 실수

소수를 처음 읽을 때

자연수를 읽다가 소수를 처음 읽을 때 재미있기도 하지만 헷갈릴 때도 많아요. 예를 들어 0.35를 '영점삼오'가 아닌 '영점삼십오'라고 읽는 친구들이 있지요. 소수를 읽는 것은 소수 공부의 첫걸음이라고 할 수 있으니 실수하면 안 돼요.

소수점을 이동할 때

소수점 이동에서 틀리는 친구들이 많아요. 특히 100배와 $\frac{1}{100}$을 계산할 때 소수점이 앞으로 가야 하는지 뒤로 가야 하는지 많이 헷갈려 해요. 100배는 수가 커지게 하므로 소수점이 뒤로 가야 하고, $\frac{1}{100}$은 수가 작아지게 하므로 소수점이 앞으로 가야 한다는 것 잊지 마세요.

또 한 번 미라가 대성이의 머리를 쥐어박았다. 그러고는 종이 한 장을 내밀었다.

"여기서 뭐가 틀렸는지 말해 봐."

$$0.4 \times 7 = 0.28$$

$$6 \overline{)4.8} = 8, \quad 48, \quad 0$$

"이 정도도 모를 것 같아? 이건 소수점 오류야. 첫 번째 문제의 답은 2.8! 두 번째 문제의 답은 0.8! 소수를 곱하거나 나눌 때 소수점의 위치를 제대로 잡지 못했기 때문이지."

"그럼 이건 어디가 잘못됐는지 말해 봐."

$$\frac{\cancel{2}^1}{5} \times \frac{\cancel{2}^1}{3} = \frac{1}{15}$$

종이에 적힌 식을 뚫어져라 바라보던 대성이는 금세 약분이 잘못되었다는 사실을 눈치 챘다.

"약분은 분자와 분모끼리 하는 거지, 분자와 분자끼리 하는 게 아니야. 그러니까 2와 2를 약분할 수 없어. 이 문제의 답을 구하려면 분모의 5와 3을 곱하고, 분자의 2와 2를 곱해야 하지. 그러면 정답은 $\frac{4}{15}$!"

대성이가 윤이 눈치를 보며 자신 있게 말했다. 이젠 제법 분수와 소수 계산이 능숙해진 대성이를 미라가 흐뭇하게 바라봤다.

"참 똑똑한 아이들이로군. 이 아이들이 바로 매스레인저인가?"

갑자기 강 박사와 함께 낯선 아저씨가 들어왔다. 턱수염이 난 인상 좋은 아저씨였다.

"강 박사님, 저분은 누구세요?"

"매스레인저를 만드는 데 도움을 주신 엘 고튼 박사님이시다. 우리와 같이 수학 에너지를 연구하여 매스폰을 발명하는 데 큰 역할을 하셨어. 엘 고튼 박사님은 미국의 헨리 스미스 박사와 함께 수학 연구소가 습격을 당했을 때 행방불명이 되셨지만, 그동안 몸을 숨기고 있다가 이번에 무사히 한국에 도착하셨단다."

"안녕하세요, 고튼 박사님."

아이들은 저마다 고튼 박사에게 인사를 건넸다.

"강 박사한테 너희에 대한 이야기는 많이 들었어. 나는 숨어 지내는 동안 매스레인저의 힘을 키울 수 있는 방법을 연구했다. 그래서 오늘 너희의 매스폰 기능을 향상시킬 수 있는 카드를 가지고 왔단다."

"새로운 카드라고요?"

대성이는 귀가 솔깃해졌다.

"그걸 사용하면 매스레인저가 더 강해질 수 있는 건가요?"

"그렇단다. 매스폰의 힘을 키우는 카드를 사용하면 아라크를 부르지 않고도 데르몬의 수학 괴물들을 거뜬히 쓰러뜨릴 수 있을 게다."

"우아! 지금 당장 카드를 꺼내 볼래요!"

대성이가 재촉하자 고튼 박사는 껄껄 소리 내어 웃었다.

"자, 이게 너희에게 줄 카드 칩이란다. 매스빔을 강화시켜 줄 프로그램과 새로운 괴물들에 대한 정보가 모두 담겨 있어. 내가 손수 만든 칩이니 믿어도 돼."

작은 카드는 각각 붉은색, 파란색, 보라색, 노란색, 분홍색으로 매스폰에 맞게 만들어져 있었다. 강 박사는 아이들이 카드를 받아 드는 모습을 걱정스럽게 지켜보았다.

"확실히 실험을 해 보고 사용하는 게 좋지

앉겠나, 고튼 박사."

"수도 없이 반복해서 완벽하다는 것을 증명했으니 걱정 말게."

고튼 박사는 대성이의 매스폰에 칩을 끼워 주었다. 칩과 하나가 된 매스폰이 붉은색으로 번쩍이자 대성이가 환호성을 질렀다.

"고튼 박사, 수고했네. 자네 덕분에 마음이 든든해졌어."

"당연히 내가 해야 할 일이었네."

고튼 박사와 강 박사는 미국에 있는 대학에서 함께 수학을 공부한 친구였다. 고튼 박사는 주로 수학 에너지를 연구했다. 강 박사가 한국으로 건너온 이후 고튼 박사는 미국 수학 연구소에서 수학 에너지 연구를 계속했으나 악신들의 공격을 받고 행방불명된 것이었다.

"연구소가 불탈 때 가까스로 도망쳐서 로키 산맥에 있는 비밀 연구소에서 숨어 지냈네."

　공항에서 고튼을 다시 만났을 때 강 박사는 마음이 든든해지는 것을 느꼈다. 매스레인저를 처음 개발하는 순간부터 함께했던 고튼 박사만 있다면 한층 강해진 수학 에너지로 괴물들을 거뜬히 물리칠 수 있을 것 같았다.

　"매스레인저의 새로운 프로그램을 완성한 기념으로 다 함께 축하 파티를 열자."

　"정말이요?"

　파티 소리에 귀가 번쩍 뜨였는지 대성이와 윤이의 눈이 동시에 빛났다.

　"삼겹살 파티가 좋아요!"

　"떡볶이도 먹어요!"

그때 갑자기 비밀 기지의 경보음이 울리기 시작했다.

"미소백화점의 옥상 쉼터에 수학 괴물들이 나타났어요. 매스레인저들은 지금 빨리 출동하세요!"

"좋아, 악신의 졸개들에게 우리의 힘을 보여 주자고!"

대성이가 자신만만하게 앞장서자 다른 대원들도 매스헬기가 있는 승강장으로 달려가기 시작했다. 고튼 박사가 서둘러 매스레인저를 따라갔다.

"혹시 모르니 나도 너희와 함께 가야겠다. 새로운 프로그램이 잘 작동되는지 직접 확인해 봐야겠어."

"고튼 박사, 그러다가 악신들의 눈에 띄면 어쩌려고 그러나?"

"걱정 말게. 조심스럽게 행동할 테니까. 게다가 매스레인저가 있으니 위험한 일은 없을 걸세."

고튼 박사는 원래 연구에 욕심이 많은 사람이었다. 그것을 모를 리 없는 강 박사는 새로운 프로그램을 직접 확인하고 싶다는 고튼 박사의 연구 열정을 막을 수 없었다.

"알겠네. 그렇다면 나는 알리미와 함께 비밀 기지에서 매스위성으로 괴물들의 상태를 확인하겠네. 조심하게나."

매스레인저는 고튼 박사와 함께 매스헬기에 올랐다. 조종대를 붙잡고 있던 미라는 어쩐지 강 박사의 모습이 아득하게 느껴졌다.

미소백화점 옥상에는 아이들을 위한 작은 무대가 있었다. 부모님의 손을 잡고 연극을 보러 온 아이들은 갑자기 수학 괴물들이 나타나자 깜짝 놀라 울음을 터뜨렸다. 우는 아이들을 달래는 어머니들 또한 겁에 잔뜩 질려 있었다.

매스레인저는 주차장에 매스헬기를 세워 놓고 비상구를 통해 옥상으

로 올라갔다. 지금까지 본 덧셈 괴물, 최대공약수 괴물, 최소공배수 괴물, 분수 괴물, 소수 괴물이 모두 모여 있었다.

"힘든 싸움이 될지도 몰라. 윤이야, 준비됐니?"

미라가 묻자 윤이는 대답 대신 고개를 끄덕여 보였다.

"좋아, 변신하자."

아이들은 모두 매스폰의 샵 버튼을 눌렀다. 그런데 매스폰에서 검은 고리가 만들어지면서 매스레인저를 꽁꽁 묶었다.

"변신이 안 돼. 뭐가 문제지?"

대원들은 고리를 풀어 내려고 안간힘을 썼지만 그럴 때마다 검은 고리는 몸을 더욱더 단단히 죄어 왔다.

"흐흐흐, 너희는 결코 그걸 풀어 낼 수 없을 게다."

"고튼 박사님?"

미라는 인자한 웃음을 멈추고 사악한 얼굴로 자신들을 쳐다보는 고튼 박사의 모습에 흠칫 놀랐다.

"고튼 박사님은 강 박사님의 친구잖아요.

나는 하누만 님의 기사 아처다.

그런데 왜 이런 짓을 하는 거죠?"

대성이가 안타까운 목소리로 물었다.

"내 이름은 엘 고튼이 아니다. 나는 하누만 님의 기사 아처다."

대형 모니터로 매스레인저의 상황을 살피던 알리미가 연신 고개를 갸웃거렸다.

"박사님, 매스레인저의 영상을 비출 수가 없어요."

"미소백화점은 도심 한복판이어서 매스위성이 닿지 않는 곳이 없을 텐데, 이상하구나."

"비밀 기지만의 특별 위성을 작동시켜서 알아볼까요?"

"그게 좋겠다."

고튼 박사가 매스레인저와 함께 있으니 별일은 없겠지만, 매스위성의 상태가 좋지 않아 내심 불안했다. 누군가가 일부러 매스레인저의 모습을 볼 수 없게 막는다는 느낌이 들었기 때문이다.

"특별 위성이 제대로 작동하려면 앞으로 1분이 걸립니다. 그동안 매스레인저의 모습은 볼 수 없을 거예요."

1분이 한 시간처럼 길게 느껴졌다.

"됐어요. 다시 영상을 비춥니다."

대형 모니터에 아수라장이 된 백화점 옥상이 비춰졌다.

"매스레인저의 모습이 보이지 않는군. 알리미야, 다른 곳을 비춰 보도록 해라."

그러자 화면이 바뀌며 아직까지 변신조차 하지 못한 대성이와 현도, 미라, 윤이, 수영이의 모습이 보였다.

'저 검은 고리는 악신들의 수학 에너지로 이루어진 기운이 틀림없어.'

강 박사는 다급하게 마이크를 집어 들었다.

"매스레드, 들리나? 응답하라, 매스레드!"

"전파가 차단되어서 소리가 전달되지 않는 것 같아요. 어떡하죠, 강 박사님?"

"큰일이로군. 변신할 수 없다는 건 매스폰에 문제가 생겼다는 뜻인데……. 그렇다면 고튼 박사가 가지고 왔던 그 카드가? 이럴 수가! 내가 아이들을 함정에 빠

뜨렸어. 알리미야, 매스백신이 있는 3번 방을 열어다오. 그리고 다른 매스헬기를 준비시켜 줘."

"알겠습니다, 박사님."

'부디 안 늦어야 할 텐데. 조금만 기다려라, 얘들아!'

강 박사는 두 손을 모으고 간절하게 기도했다.

고튼 박사, 아니 하누만의 기사 아처는 데르몬과는 달리 인간과 많이 닮아 있었다. 윤이는 그 점이 의아했다.

"고튼 박사님은 인간이 아닌가요? 그런데 도대체 왜 악신의 부하가 된 거죠?"

"분명히 신체적으로는 인간이지. 하지만 나는 인간을 버렸다, 꼬마야. 나는 더 높은 뜻을 이루기 위해 시바 신께 충성을 맹세했거든."

윤이가 아처와 대화를 나누는 사이, 현도와 미라가 온몸을 날려 아처의 등을 덮쳤다.

"지금이야. 도망쳐!"

 수영이가 미끄러지며 발차기를 하려는 순간, 머리에 숫자가 쓰인 뱀들이 수영이를 공격했다.

 "안 돼!"

 윤이가 수학 초능력을 사용하여 뱀들을 하늘 멀리 날려 버렸다. 팔은 꽁꽁 묶여 있었지만 다리는 움직일 수 있었기 때문에 아이들은 괴물로부터 도망칠 수 있었다.

 "저것 봐, 아처가 일어나고 있어! 이대로는 오래 버틸 수가 없어."

 현도의 도움을 받아 도망치던 미라가 하늘 위에서 눈에 익은 비행 물체를 발견했다.

"저건 매스헬기야!"

"강 박사님이다!"

대성이가 콩콩 뛰며 강 박사에게 신호를 보냈다. 매스헬기에서 무언가가 떨어졌다.

"대성아, 내가 던진 것은 매스폰의 백신 파일이다. 그걸 검은 고리에 가져다 대면 수학 문제가 나올 거야."

대성이는 매스백신을 받아 검은 고리에 가져다 댔다. 고리 위로 문제가 떠올랐다.

'48096을 숫자 전개식으로 써 보시오.'

"이거라면 식은 죽 먹기지. $4 \times 10000 + 8 \times 1000 + 9 \times 10 + 6$!"

그러자 대성이를 감싸고 있던 검은 고리가 풀렸다. 대성이는 곧장 백

가분수를 대분수로, 대분수를 가분수로 바꿀 때 흔히 저지르는 실수

계산을 할 때는 대분수를 가분수로 바꾸고, 반대로 계산을 모두 끝낸 뒤 답을 적을 때는 가분수를 대분수로 바꿔요. 이 과정에서 실수를 저지를 수 있어요.

예를 들어 $3\frac{4}{5}$를 가분수로 바꾸는 경우, 3+4를 하여 $\frac{7}{5}$로 적는 경우가 있어요. 또 $\frac{19}{5}$를 대분수로 바꿀 때에는 '$19 \div 5 = 3 \cdots 4$'에서 몫을 자연수, 나머지를 분자에 써야 하는데 이것을 바꾸어 $4\frac{3}{5}$이라고 적기도 하지요. 둘 다 틀린 답이니 실수하지 않도록 주의하세요.

신 카드를 매스폰에 집어넣었다. 검은빛을 내던 매스폰이 점차 원래의 붉은빛으로 되돌아왔다.

"매스레드, 네가 먼저 변신해서 수학 괴물들을 막고 있거라. 다른 아이들도 똑같은 방법으로 검은 고리를 풀어야 하니까."

대성이가 매스레드로 변신하여 다른 수학 괴물들을 막고 있는 사이에 현도와 미라, 윤이, 수영이도 각각 검은 고리를 풀고 변신했다.

"잘했다, 얘들아."

강 박사는 매스헬기에서 아이들의 모습을 지켜보며 안도의 한숨을 내쉬었다. 그러다가 문득 자신을 쳐다보는 시선을 느끼고는 주위를 둘러보았다. 하누만의 기사 아처가 강 박사를 쏘아보고 있었다.

"흐흐, 프렉션 1호! 저 헬기를 삼켜 버려라!"

아처는 헬기처럼 생긴 거대한 괴물에게 큰 소리로 명령했다.

"강 박사님, 위험해요!"

대성이가 소리쳤을 때는 이미 늦었

다. 프렉션 1호가 강 박사의 매스헬기를 꿀꺽 삼켜 버린 뒤였다.

"돌아가자, 프렉션 1호."

아처는 만족스러운 듯 엷은 미소를 띠고 있었다. 대성이가 매스이글을 힘껏 던졌지만 아처는 한 손으로 매스이글을 붙잡아 우지끈 부수더니 휙 던져 버렸다. 그러고는 모든 괴물들이 합쳐져 하나가 된 분수 괴물에게 명령했다.

"프렉션 2호, 조무래기들은 네가 처리해라."

프렉션 2호가 공격을 시작했다. 그러나 아이들은 싸울 힘을 잃고 눈물만 흘리고 있었다. 강 박사가 자신들을 구하려다가 괴물에게 잡혔다고 생각하니 흐르는 눈물을 참을 수 없었다.

"정신차려요! 강 박사님의 노력을 물거품으로 만들 생각인가요?"

알리미가 화난 목소리로 다그쳤다. 그러자 매스핑크 미라가 가장 먼저 일어나 매스레드와 매스블루, 매스옐로, 매스바이올렛을 차례로 일으켜 세웠다. 다시 치열한 전투가 시작되었다.

"계산이 가장 빠른 윤이가 하는 게 좋겠어. 매스바이올렛, 내가 막는 동안에 계산을 해."

현도가 윤이를 향해 외쳤다.

"1! 1이 저놈의 답이야!"

대성이가 일어서며 답을 외쳤다.

"뭐?"

윤이조차 아직 답을 구하지 못했는데 대성이가 벌써 계산을 마치다니, 믿을 수 없는 일이었다.

"확실해?"

"응, 확실해. 1이야."

대원들은 대성이의 확신에 찬 대답에 이끌려 검산도 생략한 채 곧바로 1을 입력하고는 매스폰을 한데 모았다. 그러자 알록달록한 매스빔이 합쳐져 마치 독수리처럼 날쌔게 날아가더니 단번에 프렉션 2호를 삼켜 버렸다.

　매스헬기를 타고 비밀 기지로 돌아왔지만 강 박사는 없었다. 강 박사가 없는 비밀 기지는 너무 넓고 쓸쓸해서 다시 한 번 아이들의 마음을 무겁게 짓눌렀다.

　대성이는 저도 모르게 눈물이 흘렀다.

　"언제까지 그렇게 죽을상을 하고 있을 건가요?"

　보다 못한 알리미가 끼어들었다.

　"하지만 강 박사님이……."

　"강 박사님은 돌아가시지 않았어요."

　"알리미야, 그 말이 사실이니?"

　"강 박사님의 몸속에는 매스폰과 비슷한 기계가 달려 있어요. 그 기계는 강 박사님의 심장이 멈출 때까지 작동을 하지요. 아직 기계의 신호가 잡히는 것으로 보아 강 박사님은 분명히 살아 계세요."

　알리미의 이야기를 들은 아이들의 얼굴이 기쁨으로 가득 찼다.

"하지만 강 박사님이 지금 곤경에 처해 있는 건 변치 않는 사실이에요. 강 박사님은 언젠가 이런 날이 올 것에 대비하여 영상 편지를 남겨 두셨어요."

알리미는 스크린에 강 박사의 영상 편지를 띄웠다. 강 박사의 얼굴을 보자 매스레인저는 다시 한 번 눈물이 핑 돌았다.

> 너희가 이 영상 편지를 보고 있다는 것은 내가 너희 곁에 있을 수 없는 상황이 되었다는 뜻이겠지. 하지만 절대로 포기하면 안 된다. 나는 이미 너희에게 가르칠 것은 다 가르쳤단다. 중요한 것은 너희의 마음과 의지야. 서로를 소중하게 여기는 마음과, 어떤 어려움이 닥치더라도 반드시 이겨 내겠다는 의지를 잃지 않는다면 너희는 나 없이도 이 세상을 구할 수 있을 거야. 나와 약속해 다오. 매스레인저의 임무를 끝까지 포기하지 않겠다고.

아이들은 흐르는 눈물을 닦으며 고개를 끄덕였다. 알리미가 다시 한 번 재촉했다.

"비밀 기지의 위치를 적들에게 들켜 버려서 당장 다른 곳으로 옮겨야 할 것 같아요. 강 박사님이 가까운 곳에 제2기지를 마련해 놓으셨답니다. 바로 비밀 기지를 옮길 테니까 지금부터 다 함께 짐을 챙겨요."

"알겠어. 그런데 박사님을 구하려면 어떻게 해야 하지?"

대성이의 질문에 알리미는 조용히 말했다.

"박사님은 자신이 위험에 처하면 심훈 선생님을 찾아가라고 하셨어요. 심훈 선생님은 강 박사님의 스승님이에요. 그분을 찾아가면 무슨 방법이 생길 거예요."

'심훈 선생님이라고? 강 박사님, 저희가 반드시 구해 드릴게요. 조금만 기다리세요.'

대성이는 마음속으로 굳게 다짐했다.

[3권에서 계속]

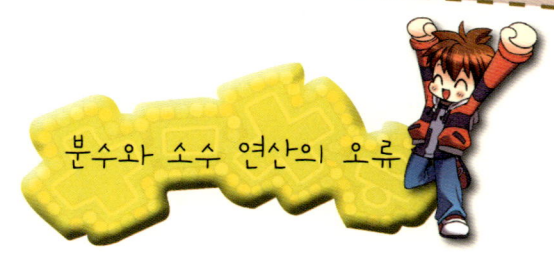

분수와 소수 연산의 오류

1 분수의 덧셈과 뺄셈에서의 오류

분모가 다른 분수의 덧셈에서는 반드시 통분이 필요합니다. 그런데 종종 통분을 하지 않은 채 분모는 분모끼리, 분자는 분자끼리 더하는 친구들이 있어요. 그러면 당연히 틀린 답이 나오겠지요. 덧셈뿐만 아니라 뺄셈에서도 분모가 다를 때는 반드시 통분을 해야 해요.

2 분수 곱셈에서의 오류

다음은 친구들이 많이 틀리는 경우이니 여러분도 주의하세요.

나눗셈이 아닌 곱셈에서 역수로 고쳐 계산하는 경우
$$\frac{2}{3} \times 5 = \frac{2}{3} \times \frac{1}{5} = \frac{1}{15}$$

약분을 잘못하거나 약분하는 과정에서 실수를 하는 경우
$$\frac{\overset{1}{2}}{5} \times \frac{\overset{1}{2}}{3} \times = \frac{1}{15}$$

약분하여 기약분수로 나타내지 않는 경우
$$\frac{3}{8} \times 12 = \frac{36}{8} = 4\frac{4}{8}$$

대분수를 가분수로 고치지 않은 상태에서 약분하는 경우
$$3\frac{1}{\underset{2}{4}} \times 2\frac{\overset{1}{}}{} = 3\frac{1}{2}$$

3 분수 나눗셈에서의 오류

분수 나눗셈에서도 결국 곱셈과 같은 상황에서 틀리는 친구들이 많아요. 그러니 곱셈에서처럼 약분을 잘못하거나 기약분수로 나타내지 않는 것을 조심하세요.

또한 나눗셈에서 곱셈으로 바꾸어 계산할 때 역수로 바꾸지 않고 부호만 바꾸는 친구들이 있는데, 이때도 오류가 생긴다는 것을 잊지 마세요.

$$\frac{1}{7} \div \frac{4}{5} = \frac{1}{7} \times \frac{4}{5} = \frac{4}{35}$$

4) 소수 덧셈과 뺄셈에서의 오류

소수의 덧셈과 뺄셈에서 자릿수를 맞추지 못해 틀리는 친구들이 의외로 많아요. 특히 7.345-3.5와 같은 문제에서 자연수처럼 제일 뒷자리부터 맞춰 쓰는 실수를 하지요. 자연수의 덧셈, 뺄셈과 똑같지만 자릿수를 맞춰야 한다는 걸 꼭 기억하세요.

5) 소수 곱셈과 나눗셈에서의 오류

소수의 곱셈과 나눗셈에서 저지르는 가장 흔한 실수는 소수점의 위치, 그리고 0의 처리와 관련된 것입니다.

소수점 오류	0의 처리 오류 (4.2×0을 적절히 처리하지 못함)	몫에서 소수점 다음에 나오는 0을 빠뜨리거나 넣는 경우
$\begin{array}{r} 0.4 \\ \times\ 7 \\ \hline 0.28 \end{array}$ $\begin{array}{r} 8 \\ 6\overline{)4.8} \\ \underline{4\ 8} \\ 0 \end{array}$	$\begin{array}{r} 4.2 \\ \times 0.9 \\ \hline 378 \\ 42 \\ \hline 7.98 \end{array}$	$\begin{array}{r} 7.8 \\ 5\overline{)35.4} \\ \underline{35} \\ 40 \\ \underline{40} \\ 0 \end{array}$

1. 그림에서 색칠한 부분을 비교하였더니 $\frac{1}{5} > \frac{1}{2}$ 이 되었습니다. 무엇이 잘못되었는지 말해 보세요.

2. 0.2와 0.20은 같은 수일까요, 다른 수일까요? 그 이유도 말해 보세요.

3. 소수 0.333과 $\frac{1}{3}$ 은 같은 수일까요? 다른 수일까요?

4. 보기 중에서 0을 생략할 수 있는 수를 찾아보세요. 그리고 그 이유도 함께 말해 보세요.

● 보기 ●
3.001   0.235   3.750   0.054   29.101

답

1. 분수 크기를 비교할 때 1이 되는 양이 다르다. 즉, 전체의 양을 비교하지 않고 부분만을 비교해서 잘못되었다.

2. 같은 수이다. 소수점 아래 마지막에 있는 0은 생략할 수 있다.

3. 분수 $\frac{1}{3}$ 이 0.3333으로 한없이 계속되는 소수 즉, 무한이 0.3330이 된다. 그러나 이 값이 완전 0.333과 같을 수는 없다. 따라서 0.3333...은 $\frac{1}{3}$ 과 같은 수가 아니다.

4. 3.001에서 소수 수 첫째 자리와 둘째 자리의 0은 자릿값이 있으므로 생략할 수 없다. 0.235, 0.054, 29.101도 마찬가지이다. 그러나 3.750이 0을 생략할 수 있다.

'수와 연산'에 대한 나의 사랑 지수

수와 연산 영역을 잘 공부했나요?
그렇다면 수와 연산과의 사랑 지수를 확인해 보세요.

예　아니요

- 일상생활 속에서 수를 만나면 반갑다.
- 내 방에 있는 책의 수를 세어 보았다.
- 엄마랑 슈퍼에 가서 산 물건이 전부 얼마인지 계산해 보았다.
- 어머니(아버지)와 내 나이 차이를 알고 있다.
- 많은 개수를 셀 때 2개, 3개, 5개씩 묶어 센 적이 있다.
- 식사 후에 7cc의 물약을 1일 3회씩 3일 동안 먹어야 할 때, 내가 약국에서 지어야 하는 물약의 양을 정확히 안다.
- 과자나 음료수를 사면 몇 g인지, 몇 L인지 살펴본다.
- 수를 사용하지 않고 친구와 대화할 수 있다.
- 도화지의 종류를 나타내는 2절지, 4절지, 8절지의 뜻을 안다.
- 컵에 물을 마실 때 "엄마, $\frac{1}{4}$만 따라 주세요."라고 말한다.
- 피자를 보면 "한 조각의 $\frac{1}{8}$(또는 $\frac{2}{8}$)만 먹을 거야."라고 말한다.
- 분수와 소수를 자유롭게 바꾸어 사용한다.
- 야구선수의 타율을 읽어 보았다.
- 물건의 20%(또는 10%) 할인된 가격을 계산해 보았다.
- 신문 속에 숨어 있는 소수를 찾아보았다.

'예'라고 답한 개수를 세어 보세요. (평가는 뒷장에 있습니다.)
　0~3 : 사랑지수 30점　　4~7 : 사랑지수 50점　　8~10 : 사랑지수 70점
　11~13 : 사랑지수 90점　　14~15 : 사랑지수 100점

'예'라고 답한 개수	점수	사랑 진단
0~3개	30점	**아직은 수와 연산 영역과 느낌이 통하지 않는군요.** 수와 연산 영역에 조금만 더 관심을 기울여 주세요. 여러분이 한 발자국 다가서면, 수와 연산도 한 발자국 다가갈 거예요. 포기하지 말고, 책 속에 담긴 재미있는 이야기와 기본 원리를 다시 한 번 살펴보세요. 즐거운 마음으로 읽다 보면 수와 연산의 연결고리를 풀 수 있을 거예요.
4~7개	50점	**이제야 수와 연산 영역과 느낌이 통했군요.** 시작이 중요하다는 것은 잘 알고 있지요? 이제 막 수와 연산에 대해 이해하기 시작했으니 더욱더 많은 관심을 주세요. 내가 먼저 사랑의 눈빛을 보내면, 수와 연산은 반드시 여러분에게 사랑의 화살을 되돌려줄 것입니다. 힘들더라도 포기하지 말고 파이팅!
8~10개	70점	**수와 연산 영역의 매력에 눈을 떴군요.** 수와 연산의 매력이 하나씩 보이기 시작하나요? 많은 사랑을 쏟은 만큼 수와 연산도 여러분에게 많은 사랑을 베풀고 있다는 사실을 이제 알 거예요. 문제가 복잡해 보여 그냥 넘어갔다면, 자신감을 가지고 다시 한 번 도전해 보세요. 일상생활에서도 수학적으로 생각하는 여러분이 바로 수학자입니다.
11~13개	90점	**수와 연산 영역과 사랑에 빠졌군요.** 수와 연산이 너무나도 쉽게 느껴지는 당신! 앞으로도 일상생활 속에서 수와 연산을 편안하게 활용할 수 있도록 노력해 보세요. 오늘은 100을 주제로 일기를 써 보는 건 어떨까요? 물론 다른 주제로 수학 일기를 써도 좋습니다. 수와 연산 영역과 함께 하는 여러분은 보다 활기찬 세상과 만날 수 있을 거예요.
14~15개	100점	**당신은 수와 연산 영역과 찰떡궁합!** 수와 연산 영역의 사랑 지수가 100이라는 것은 곧 수학의 사랑 지수가 100이 될 수 있는 가능성이 아주 크다는 것을 뜻합니다. 이제부터는 수와 연산 영역이 다른 수학 영역에 얼마나 큰 영향을 미치는지를 탐구해 보세요.